연봉 말고 5000만 원 더 벌기

돈 모으기 광인의 야물딱진 생활밀착형 재테크 습관

연봉 말고
5000만 원
더 벌기

강희연(돈 모으는 벤꾸리) 지음

다 필요없고 돈이 짱임ㅋ

더퀘스트

목차

불리기 GROWING TO BE SUPER RICH

프롤로그

하루라도 일찍 알고 하루라도 많이 버시라는 마음으로

나 정도면 돈을 열심히 모으는 사람이라고 생각했다.

직장생활 5년 동안 주식과 재테크에 꾸준한 관심을 가지며 적당히 절약하고 적당히 썼으니 돈이 저절로 쌓여 있을 거라고 막연히 생각한 것이다. 그러나 현실은 달랐다. 통장에 든 건 3,000만 원 남짓한 돈이었고, 시드머니*라고 말하기도 애매한 이 금액으로 할 수 있는 경제적 활동은 세상에 별로 없었다.

그렇다고 내 수입이 절대적으로 적은 것이냐. 그렇지도 않았다. 내로라하는 대기업에 취직한 건 아니지만 나름대로 사회초년생치

---

* 시드와 머니가 합쳐진 말로 어떤 일을 처음 시작할 때 필요한 자금을 의미한다. 다른 표현으로 '종잣돈'이라는 말이 있다.

고는 적지 않은 월급을 받았고, 재테크에 일찍이 관심을 가진 덕에 코로나 시국을 만나 큰 수익도 낼 수 있었다. 지금 계산해보니 주식으로 1년 동안 약 7,000~8,000만 원의 시세차익을 내는 데 성공했더라. 거기에 그동안 받은 연봉까지 하면 수억 원을 벌었음에도 불구하고, 수중에 남은 것이 3,000만 원이 조금 넘는 돈이었다. 이 사실을 깨달은 것은 2021년 11월, 29세 가을의 어느 날이었다.

계산해보니 대충 1년에 약 5,000~6,000만 원씩 2년간 소비를 했다. 2년간 1억 원을 쓴 것이다. 이를 통해 깨달았다. 수입이 아무리 많아도 제대로 관리하지 못하면 돈이 모이지 않는다는 사실을 말이다.

5년 동안 근로소득과 투자소득으로 많은 수입을 만드는 데는 성공했지만, 절약과 소비를 통제하는 데 실패하며 '버는 만큼 쓰는' **현금흐름***이 형성되었다. 그리고 운과 시장의 상승세에 지나치게 의존한 투자 방식은 코로나 이후 하락장이 왔을 때, 현명한 투자에 엄청난 방해요소가 되었다.

이대로 가다간 평생 일만 하고 돈은 모으지 못한 채로 노년을 맞게 될 것 같았다.

그래서 이번엔 제대로 자산관리에 돌입하겠다고 결심했다.

---

* 투자나 재무 활동 등을 통한 현금의 유입과 유출을 말한다.

1년 동안 5,000만 원을 썼으니, 5,000만 원을 모으기로. 당시 연봉이 5,000만 원이 채 되지 않았다. 그러나 기본인 절약에 투자와 더 벌기라는 부스터를 더한다면 왠지 할 수 있을 것 같다는 자신감이 솟아올랐다.

돌이켜보면 나는 돈을 '관리'하는 방법을 전혀 몰랐다. 돈을 모으기 위해서 왜 절약을 해야만 하는지, 어떤 투자와 저축이 현명한 것인지 아무도 알려주지 않았다. 내 생활 습관, 수입/지출/투자 등을 분석하며 한 가지 사실을 발견했다. 재산이 불어나는 속도는 관리 방식에 따라 천차만별이라는 사실. 이것을 그때 미리 알았더라면 내 재산이 지금의 두 배 이상은 되지 않았을까 하는 아쉬움이 남는다. 그래서 부디 누군가에게 도움이 되었으면 하는 마음으로, 누군가는 이 사실을 하루라도 일찍 알고 하루라도 많이 버시라는 마음으로 이 책을 한 자, 한 자 써 내려갔다.

이 책이 재테크에 대한 여러분의 모든 궁금증을 해결해줄 수는 없을 것이다. 그러나 돈을 모으기 위해 치열하게 고민하고 고군분투했던 나의 경험들이, 갈피를 잡지 못하고 있는 또 다른 재테크 초년생 분들에게 확실한 나침반 역할을 해줄 수 있기를 기대해본다.

돈 모으는 벤꾸리 드림

1.

다지기

MINDSET
FOR
STARTERS!

저축만 하면 부자가 될 줄 알았다

우럭우럭 자라서
나를 부자로 만들어다오~

나는 어렸을 때부터 돈 모으기를 좋아했었다

돈 모으는 거 좋아!

돈 모아서 부자 돼야지!

저금통

돈 모으기를 얼마나 좋아했냐면

동시에 아르바이트 3개

카페

고내 장학

과외

대외활동, 학교프로그램 섭렵

학교 등록금 전액 장학금

활동비 지급   어학연수지원

돈 내고 학교 다니기 시름!!

공
부

여튼 돈이 되는 건 닥치는 대로 다 했었음

이런 나를 보고
엄마가 항상 했던 말이 있는데

뻔꾸리야 돈을 모으려면
절약하고 저축을 해야 해

일단 목돈을 만들면
돈은 저절로 불어날 거야

이 말을 곧이곧대로 들은 나는

회사 취업해서 열심히 저축하면
부자가 되겠지?

우선 열심히 공부하자!

자연스럽게 이런 생각을 하게 되었고

직장생활을 시작하고 나서는
고정비와 생활비 30만 원을 제외하고

→ 교통·통신비 포함 !!!

남은 금액을 전부 저축하며
알뜰살뜰한 생활을 이어갔다

이제 부자 되는 일만 남았다 🪙

어렸을 때부터 돈 모으기를 좋아했다. 집안 형편이 넉넉하지 못했던 탓에 늘 서러웠다. 학원 한 번 마음 편히 다니지 못했고 옷은 이웃집에서 물려 입었으며 외식은 연례행사였다. 친구들이 떡볶이를 먹자고 하면 안 좋아한다고 했다. 용돈이 없었기 때문이다.

스무 살이 되자마자 아르바이트를 시작했다. 카페, 학생 조교, 과외뿐만 아니라 콜센터, PPT 제작 알바 등 돈 되는 일은 닥치는 대로 했다. 땀 흘려 번 첫 월급 70만 원이 통장에 들어온 그날의 뿌듯함을 아직도 잊을 수 없다. 돈 버는 게 즐거웠고, 차곡차곡 모으는 게 행복했다. 어떻게 하면 시간을 쪼개서 한 푼이라도 더 벌까 궁리했다.

취업 입사 원서를 넣을 때도 급여 수준을 가장 중요하게 고려했다. 초봉 4,000만 원 전후, 실수령액 최소 월 250만 원 이상 주는 곳만 목표로 삼았다(당시 기준으로는 꽤 높은 금액이었다). 250만 원은 벌어야 부모님 생활비, 고정비, 개인 용돈을 지출하고도 어느 정도 저축할 수 있겠다는 계산이 섰기 때문이다. 대기업만을 목표로 부단히 지원서를 넣었고 마침내 합격 목걸이를 목에 걸 수 있었다. 앞으로는 돈 걱정 없는 희망찬 미래만 펼쳐질 것 같았다.

돈벌이에만 집중하는 나를 보며 엄마가 항상 해주던 말이 있다.

"희연아, 돈을 버는 것도 중요하지만 아끼고 모으는 것도 중요해. 일단 목돈을 만들고 나면 자산은 저절로 불어날 거야."

절약이 최고의 재테크란 말씀을 하신 것이다. 열심히 일해서 벌기만 하는 게 전부가 아니구나. '그래, 은행에 예금만 잘 넣어두면 예금 이자로 곧 부자가 될 거야.'

수습 기간이 끝나고 처음으로 월급의 100%를 받고 나서 본격적으로 극강의 절약 라이프에 돌입했다.

한 달 생활비 30만 원. 교통비, 통신비 제외하면 실제로는 20만 원 남짓. 하루에 만 원도 채 쓰지 않는 생활을 이어갔다. 공원에서 조깅하며 헬스장 비용을 아꼈고, 유튜브 플레이리스트만 들으며 음원 스트리밍 비용을 아꼈다. 친구들 만나는 횟수도 철저히 제한했고, 간편 도시락을 먹으며 점심 식비를 줄였다. 절약하는 생활이 힘들고 지치기는 했지만 월급날마다 꾸준히 불어가는 통장 잔고에 위로받으며 악착같이 버텼다. 그렇게 2년을 보내자 어느새 2,000만 원이라는 꽤 큰돈이 모여 있었다. 목돈을 모았으니 이제 부자 되는 일만 남았다고, 순진하게 생각했다.

처음으로 무언가
잘못됐다는 생각이 들었다 🪙

어느 날 친한 언니가 물었다.

"벤꾸리야, 너 부동산 투자는 관심 없어?"

시큰둥했다. 내 머릿속에서 부동산은 자본이 충분한 '어른들'이나 살 수 있는 고가의 재화였고, 사회초년생인 내게는 관심 밖의 영역이었기 때문이다.

그 대화를 주고받은 후 얼마 지나지 않아 언니는 경기도에 있는 4억 대의 아파트를 구매했다. 집에서 물려받은 돈이 있는 것도 아니었고 회사 연차가 높은 것도 아니었다. 분명 내 또래고, 1~2년 앞서 회사생활을 시작했을 뿐인데 벌써 내 집 마련에 성공하다니!

아무리 대출을 받았다고 해도 어떻게 집을 살 수 있었던 건지 이해가 되지 않았다.

"너도 사! 그냥 사면 돼!"

언니는 그렇게 말했다. 그러나 내 수중에 있는 돈은 고작 2,000만 원. 집을 사기에는 턱없이 적은 돈이었다. 평수를 줄이면 가능할까 싶어 서울 외곽에 있는 작은 평수의 아파트도 찾아보았지만 2,000만 원으로 할 수 있는 건 아무것도 없었다.

처음으로 무언가 잘못됐다는 생각이 들었다. 분명 누구보다 열심히 모아왔는데 그렇게 모은 돈으로는 내 몸 누일 작은 방 하나 구하기도 쉽지 않았던 것이다. 목돈이라고 생각했던 그 돈이 문득 푼돈처럼 느껴졌다.

그러던 어느 날, 재테크 인생에 전환점이 되는 사건을 마주하게 됐다.

2년 만기 적금을 해지하러 은행에 다녀온 날이었다. 은행 영업점에 신나는 마음으로 달려갔다. 꾸준히 적금하는 사람이라면 누구나 공감하겠지만, 적금을 만기 해지하고 이자를 확인하는 순간은 '적금러'들의 가장 행복한 순간일 것이다.

뿌듯한 마음으로 저녁에 친구들을 만나러 갔는데 친구가 웬 명품백을 들고 온 것이 아닌가! 순간 질투심에 내심 '월급은 나랑 비슷할 텐데 당연히 할부로 샀겠지…?' 생각했다. 잠깐 망설이다 물었다.

"그 가방 어떻게 샀어? 성과급? 할부?"

친구는 충격적인 얘기를 들려줬다.

"이거? 나 이번에 투자 대박 났잖아! 너도 투자해, 투자!"

저축만 하면 부자가 될 줄 알았다(2)

투자?? 누구냐 넌!!

Hi

투자

인덱스 펀드란 시장지수를 추종하여
수익률이 결정되는 펀드로

제가 3% 올라가면
같이 3% 올라가는 겁니다

예! 같이 가시죠!

시장지수

인덱스펀드

인덱스 펀드를 주식시장에 상장해
투자자들이 직접 거래할 수 있도록 한 것이
그 유명한 ETF이다

당시에 친구가 가입한 상품은
항셍(홍콩) 지수를 2배로 추종하는 상품이었는데

최근에 항셍 지수가 갑자기 올라서
수익률이 40% 정도 되더라고!

여기서 팔았던 것

여기서 사서

와... 대박이다...

요즘은 주식이나 펀드
안 하는 사람 없다니까?

너도 투자해!!
저축만으로는 부자 못 된다고 했어

냠냠

뭐라도 해야겠다...

끙끙...

그날의 대화는 나에게 너무나 충격적이었다

돈을 모으는 방법은
저축과 이자가 전부인 줄 알았는데

가만히만 있어도
20만 원을 준다!

20공쯤

가만히만 있었으니까
20만 원만 준 거야 바보야...

작은 돈에 만족했던 내가 부끄럽게 느껴졌다

그날 집에 돌아가는 길에 서점에 들러

경제/경영

이거 다 읽고
열심히 주식 공부 해야지!!!

(일단 실행력이 굉장히 좋은 편)

주식과 관련된 서적을 닥치는 대로 구매했다

어디서 주워들은 것은 있어서
나름대로 투자 공부를 하기 시작했는데

회사에는 유연근무제를 신청해

출근 전 한 시간 동안 신문을 읽고

9시부터 한 시간 정도 주식을 보다

10시에 출근해 7시에 퇴근했다

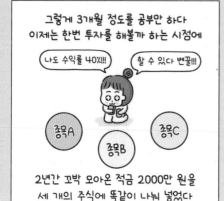

그렇게 3개월 정도를 공부만 하다
이제는 한번 투자를 해볼까 하는 시점에

2년간 꼬박 모아온 적금 2000만 원을
세 개의 주식에 똑같이 나눠 넣었다

그러나 인생이란 뜻대로 되는 것이 없는 법

내가 엄선한 종목을 매수한 시점은 20년 1월
코로나 사태가 터지기 직전이었다

투자? 그까짓 거
나도 하면 되지 뭐! 🪙

투자. 그 시절의 나는 투자에 대한 편견이 있었다. '잘못 건드렸다가 인생을 망칠 수 있는 위험한 것' '일하기 싫어하는 게으른 사람들이 일확천금을 노리고 하는 행동'. 그런 나에게 투자를 하라니? 있을 수 없는 일이었다. 하지만 친구의 말을 자세히 듣고 나니 생각을 안 바꿀 수 없었다.

"6개월 정도 ETF에 넣어놨는데 항셍(홍콩) 지수가 많이 올라서 수익률이 40% 정도 나왔어! 1,000만 원 투자했는데 수익금이 400만 원 정도 되길래 얼른 팔았지!"

당시 투자에 전혀 무지했던 나에게 ETF란 생소한 단어였다. ETF란 Exchanged Traded Fund의 줄임말로, 상장지수펀드라는 의미를 지니고 있다. 특정 지수를 추종하는 인덱스 펀드를 주식 거래소에 상장시켜 주식과 같이 거래할 수 있게 만든 것이다. 쉽게 말해 펀드 가격의 기준이 되는 지수가 상승하면 펀드의 가격도 같이 오르고, 지수가 하락하면 펀드 가격도 같이 떨어지는 것이다. 또한 지수의 두 배를 추종하는 레버리지 상품을 볼 수 있는데 이는 펀드 가격에 지수의 상승 및 하락 폭이 두 배로 반영된다. 추종하는 지수로는 나스닥, 코스피, 전기차, 바이오 등 다양한 지수들이 있다.

수익률 40%, 수익금 400만 원…!

심장이 두근거렸다. 당시 나는 적금과 예금 특판에 누구보다 기민하게 움직이곤 했다. 2018~2019년은 통화 정책이 저금리 기조를 유지하고 있었기 때문에 은행에서 제공하는 예금 금리도 굉장히 낮았다. 그래서 3% 특판 금리만 떠도 점심시간에 은행으로 달려가 누구보다 빠르게 적금을 들고 뿌듯하게 돌아오던 것이 소소한 즐거움이자 나름의 재테크였다. 1%의 금리 차이에도 민감하게 반응하던 나에게 수익률 40%라니! 3% 특판 금리보다도 무려 열세 배 이상 높은 수익률이 믿기지 않았다. 놀라운 투자 세계를 접한 나는 다짐했다.

'투자? 그까짓 거 나도 하면 되지 뭐!'

늦게 알았다고 계속 뒤처져 있을 수는 없는 법. 집에 돌아가는 길에 곧장 서점에 들러 집히는 대로 주식 관련 서적부터 구매했다. 주식기초, 재무제표 분석, 차트 분석과 관련된 책 세 권을 구매했고 틈나는 대로 독서에 매진했다. 어느 정도 읽고 나니 세상 돌아가는 소식에도 빠삭해야겠다는 생각이 들어 경제신문도 읽기 시작했다. 처음엔 1면부터 마지막 광고지면까지 꼼꼼하게 읽었고, 적응이 되고 나서는 헤드라인 위주로 보면서 관심 있는 내용을 스크랩했다.

주식 시장에서 어떤 종목들이 어떻게 거래되는지 궁금해서 경제 방송도 들었다. 주식 방송을 들으면서 단순히 추천주를 따라 사기보다는 전문가들이 종목을 분석하는 방법, 시장 흐름을 파악하는 방법을 배우려고 노력했다. 어느 정도 익숙해지고 나서는 직접 종목 분석도 시도했다. 모바일 주식 매매 프로그램 MTS를 다운받고, 모의투자도 해보며 투자 감각을 익혔다.

직장인은 언제나 시간 부족에 시달리지만 그런 핑계로 공부를 게을리할 순 없었다. 유연근무제로 출근을 한 시간 미루고 오전 7시 반까지 회사 근처 카페에 가 하루를 시작했고, 퇴근 후에도 다시 카페로 향했다. 샌드위치로 대충 끼니를 때우고 오전에 마치지 못한 공부를 마저 했다.

이렇게 6개월 정도 보내고 나니 직접 투자해보고 싶다는 의욕이 솟구쳤다. 모아둔 적금은 탈탈 털어 2,400만 원. 그동안 열심히 분석한 내용을 바탕으로 종목 세 개를 신중히 고른 후 종잣돈 2,400만 원을 삼등분해 매수에 나섰다. 이제 부자 되는 건 시간 문제라며 김칫국부터 들이켰던 그때의 모습이 지금도 눈에 선하다. 하지만 인생이라는 게 항상 뜻대로 흘러가지는 않는 법. 코로나 사태가 터지기 직전이었고, 국내 주식 시장도 상당히 고평가되어 있던 시기였다.

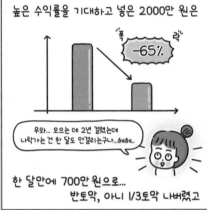

쭘쭘따리 흩어져 있는 돈들을 모아보니
700만 원 정도가 만들어졌고

이제 이 돈으로 기사회생을 꿈꾸는 뻔꿀

과연 그녀의 운영은 어떻게 될 것인가!

전 재산 몰빵,
부자 될 줄 알았는데 찾아온 그것 🪙

2020년 1월이었다. 그날도 어김없이 신문을 보고 있는데 헤드라인 하나가 눈길을 사로잡았다. '중국 우한 전염병 발생' '감기와 증상이 유사하나 치료제가 없어…' 처음에는 그냥 감기 정도겠지, 이러다 금방 끝나겠지 싶어 대수롭지 않게 여겼다. 그런데 며칠후 뉴스 속보와 함께 분위기가 달라지기 시작했다.

"중국 우한 전염병으로 사망자 발생"

사망자가 나오자 전 세계에 비상이 걸렸다. 각국 정부는 자국민을 보호하기 위해 빗장을 걸어 잠그기 시작했다. 글로벌 시대라며 활발하게 이루어지던 국제 교역은 하루아침에 완전히 멈춰버렸다. 항공, 선박 등 모든 운송수단이 운행을 중단했고, 코로나19

감염자가 나올 때마다 공장 톱니바퀴도 멈춰 섰다. 전 세계 경제가 말 그대로 얼어붙은 것이다. 여전히 많은 사람들은 이러다 지나가겠지, 치료제나 백신만 개발되면 곧 끝나겠지 하며 사태를 낙관적으로 바라봤다. 문제는 '이러다 지나가지 않았다는 것'이다. 사망자는 중국을 넘어 지구 전체로 급속히 퍼져나갔다. 뉴욕에서는 사망자가 너무 많아 장례식장 수용 가능 인원을 넘어설 정도였다. 눈에 보이지도 않는 작은 바이러스 하나가 온 세상을 혼돈으로 몰아넣고 있었다.

우리나라도 예외는 아니었다. 미국, 중국이 코로나로 휘청거리며 무역의존도가 높은 한국 경제에 그림자를 드리웠다. 부품 수입이 막히자 수출품 생산에도 차질이 빚어졌다. 경제 위기는 주식 시장에 빠르게 반영됐다. 안전자산 선호도가 높아지며 환율이 가파르게 상승했다. 경제 위기가 찾아올 것이라는 불안감에 투자자들이 안전자산인 달러를 사들이기 시작한 것이다. 달러에 대한 공급은 동일하지만 수요는 계속해서 증가한 탓에 달러 가치는 폭발적으로 상승했고 이는 결국 가파른 환율의 상승으로 이어졌다. 위기 상황이 당분간 지속될 거라는 판단에 외국인들의 국내 주식 매도가 이어졌다.

기본적으로 달러 가치가 상승할 때 국내 주식 시장이 하락하면 외국인 투자자들의 손실은 가중된다. 환율이 1,200원일 때 1달러로 매수한 주식을 환율이 1,400원일 때 매도하면 0.85달러가 되어 버린다. 환율의 상승분은 고스란히 외국인 투자자들의 손실로 이어지게 되는 것이다. 게다가 쉽게 끝나지 않을 것 같던 코로나의 기세는 투자자들의 매도 심리에 불을 지폈고, 위태롭던 주식시장은 역대급으로 폭락장세를 맞이하고야 말았다. 결국 3,000포인트를 향해 달려가던 코스피 지수는 순식간에 1,400포인트 부근까지 무너졌다.

학부 시절 투자론 수업에서 교수님이 말씀하셨다.

"**서킷브레이커***와 **사이드카****는 10년에 한 번 있을까 말까 한 사건입니다. 여러분이 주식 시장에 투자를 했는데 이런 단어들이 들린다면 여러분 계좌에 큰일이 났다는 의미입니다."

10년에 한 번 들릴까 말까라고 했던 단어들이 연일 뉴스에 오르내렸다. 2008년 금융위기 이후 전례 없는 하락이라고 했다. 그리고 나는 이 사태가 터지기 직전 전 재산을 주식 시장에 몰빵한 상황이었다. 한마디로 최고점에 들어가 최저점을 경험하고 있었던 것. 말 그대로 멘붕이었다.

---

* 주식 시장에서 주가종합지수가 전일 대비 8% 이상 하락했을 때 모든 주식 거래가 20분간 중지되는 것.

** 선물(파생상품의 한 종류로, 선매매 후물건 인수/도의 거래방식을 취한다) 가격이 전일 종가 대비 5% 이상 변동한 상태로 1분 이상 지속되었을 때 주식 시장의 프로그램 매매 주문을 5분간 정지시키는 것.

폭락하는 주식 시장,
혼돈의 카오스 🪙

'자고 일어나니 세상이 달라져 있더라'라는 말이 있다. 보통은 유명해진 사람들이 하루아침에 자신의 인생이 멋지게 바뀌었을 때 사용하는 표현이다. 자고 일어나니 내 세상도 달라져 있긴 했다. 어제 10%pt 떨어진 나스닥 시장은 오늘도 10%pt가 더 떨어졌다. 사실 그조차 감사해야 할 정도로 시장 상황은 암울했다. 내 재산이 모두 들어가 있던 국내 시장도 사정은 마찬가지였다. 하한가만은 면하게 해달라고 기도하는 것이 일상이었다. 매일 하락에 하락을 반복한 끝에 투자금 2,400만 원은 700만 원으로 줄어 있었고 손해율은 71%에 육박했다. 절망 그 자체였다.

역대급 하락장을 맞으며 네 단계로 마음이 요동쳤다.

처음에는 '곧 오르겠지' 하는 마음이었다. 주식을 하다 보면 오를 때도 있고 떨어질 때도 있는 법이니 잘 버티다 보면 좋은 날이 올 거라 위안했다. 좀처럼 하락장이 끝나지 않자 불안감이 엄습했다. '계속 떨어지기만 하려나?' '이대로 한국 주식 시장이 완전히 무너지는 건가?' 혼란스러웠다. 미국 시장이 폭락해서 국내 시장까지 덩달아 폭락할까 봐 밤에 잠도 제대로 못 잤다.

다음으로 내 주식 투자는 망했음을 인정하면서 절망이 찾아왔다. 이미 망했고 더 이상 돌이킬 수 없다는 데서 오는 절망감.

그다음으로는 순간의 실수로 폭포 같은 하락장을 온몸으로 맞게 됐다는 자책감이 몰려왔다. '왜 하필 그때 투자를 시작해서! 두 달만 늦게 시작했어도 이런 일은 없잖아!'

자책의 시간이 지나고 나자, 마지막에는 마음이 초연해졌다. 집착을 포기하고 욕심을 내려놓음에서 오는 초연함. '그냥 2,400만 원 날렸다고 생각하고 주식시장에서 손 털고 다시 시작하자'는 생각으로 무기력하게 하루하루를 살아갔다. 극복할 수 없는 현실을 체념하며 받아들인 것이다.

-65% 수익률에서 한 달 만에 수전한 썰(1)

이 수익률 실화야?

-65%

지난 화 요약!

현재 계좌 상황 -65%!

망할...

-65%

손에 쥔 700만 원!

코스피 1500 깨지기 직전!

"1500"

과연 벤꾸리의 운영은...?!!

우선 가지고 있는 700만 원을 둘로 나눠

좋아! 이 두 가지 방법으로 전략적으로 접근하는 거야!

두 가지 전략으로 대응하기로 결정!

먼저 첫 번째 전략은 전략적 물타기였는데

가지고 있는 돈으로 한 종목에 집중하고 차례로 처리해 나가야겠다

이런 방법을 선택했었다

밤새 분석하는 중

그 이유는 왜냐하면...

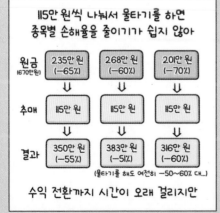

115만 원씩 나눠서 물타기를 하면 종목별 손해율을 줄이기가 쉽지 않아

원금 (670만원)	235만 원 (-65%)	268만 원 (-60%)	20만 원 (-70%)
추매	115만 원	115만 원	115만 원
결과	350만 원 (-55%)	383만 원 (-51%)	316만 원 (-60%)

(물타기를 해도 여전히 -50~60% 대...)

수익 전환까지 시간이 오래 걸리지만

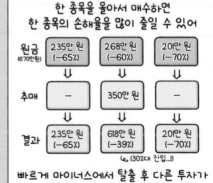

한 종목을 몰아서 매수하면 한 종목의 손해율을 많이 줄일 수 있어

원금 (670만원)	235만 원 (-65%)	268만 원 (-60%)	20만 원 (-70%)
추매	—	350만 원	—
결과	235만 원 (-65%)	618만 원 (-39%)	20만 원 (-70%)

(30%대 진입...!)

빠르게 마이너스에서 탈출 후 다른 투자가 가능할 것이라고 판단했기 때문

게다가 심리적인 측면에서도

하나씩 해결을 해나가야
재미를 느껴 지치지 않을 것 같았다

일반적으로 회복하는 장세에서는
중소형보다 대형주가 먼저 오를 거라 생각해

이 순서로 대응을 해 나갔다

비교적 빠른 시간에
손실의 구렁텅이에서 빠져나올 수 있었음

그리고 내가 선택한 두 번째 전략은 바로...

호랑이 굴에 들어가도
정신만 차리면 🪙

일주일간 아무것도 안 하고 방 안에 누워만 있었다. 사라진 1,700만 원이 눈앞에 아른거려 꼼짝할 수 없었다. 그렇게 무기력감에 젖어 살던 어느 날, 마음속에서 이런 소리가 들려왔다.

'정말 이렇게 가만히 있을 거야? 너 원래 이런 사람이었어?'

이렇게 손 놓고 있을 수만은 없었다. 2,400만 원. 누군가에게는 적은 돈일지 몰라도 나에게는 전 재산이었다. 이대로 무너질 수 없다는 오기가 생겼다. 호랑이 굴에 들어가도 정신만 차리면 살아남을 수 있다고 했다. '지금이 바로 그 순간이다!'

우선 가용 자금을 최대한 끌어모았다. 투자 시작할 때 이미 영혼까지 끌어모았던 터라 돈 나올 구멍이 많지는 않았다. 당시 재직 중이던 회사 성과급이 다소 늦게 2월 말에 지급됐다는 게 그나마 다행이었다. 명절 상여금과 주식 투자 이후 차곡차곡 모아둔 월급까지 모아 보니 대충 700만 원 정도 됐다. 처음의 투자금만큼은 아니었지만 이 정도면 뭐라도 해볼 만했다.

손에 쥔 700만 원. 이것마저 잃으면 더 이상 희망이 없다는 생각으로 신중히 전략적으로 접근하기로 했다. 밤잠 줄여가며 투자할 만한 종목을 탐색하고 투자 전략을 세웠다.

첫 번째 전략은 당장 상승할 종목을 선택해서 집중 투자하는 것이었다. 급락 후 급등 법칙을 활용해 빠른 템포로 수익 실현을 하고자 했다. 내가 주목한 종목은 **원유 인버스 레버리지 ETN**이었다. 원유 인버스 레버리지 ETN은 원유의 선물 가격을 반대로 추종하는 상장 펀드로, 원유 선물 가격이 올라가면 원유 인버스 레버리지 ETN의 가격은 떨어지고 원유 선물 가격이 떨어지면 원유 인버스 레버리지 ETN의 가격은 올라간다. 앞서 설명한 ETF와 같은 원리이다.

당시 코로나로 인한 여행객 급감, 공장 가동 중단, 도시 봉쇄 등으로 세계 경제가 얼어붙으면서 원유 수요도 큰 폭으로 감소했다. 그런데 원유는 대표적으로 생산량 조절이 어려운 재화라서 1~2개월 전 미리 생산계획을 수립하기 때문에 코로나 발생 이전에 이미 생산량이 결정돼 있었다. 그 와중에 주요 산유국들이 신경전을 벌이며 오히려 원유를 증산하는 **치킨게임***에 돌입했고 자연스럽게 원유 가격이 크게 떨어질 것으로 전망됐다.

이런 분석을 근거로 나는 발 빠르게 원유값이 떨어질 때 가격이 오르는 상품을 찾아 원유 인버스 파생상품에 투자금 700만 원의 절반인 350만 원을 투자했다. 예상은 적중했고 불안하던 원유값이 배럴 당 한 자릿수까지 떨어지는 초유의 사태가 벌어지며 큰 수익을 낼 수 있었다. 그리고 뉴스와 각종 증권 방송사에서 해당 종목이 추천주로 언급되기 시작할 무렵, 충분히 벌었다는 판단 하에 미련 없이 전량 매도하고 빠져나왔다. (이후로 급등과 급락을 반복했지만 이미 투자한 주식을 다시 매수하지 않는다는 원칙에 따라 신경 쓰지 않았다.)

두 번째 전략은 '**전략적 물타기****'였다. 당시 당면한 문제는 투자 중이던 세 종목의 손실률이 모두 심각하다는 것이었다. 이 때문에 남은 350만 원을 세 종목에 나누어 물타기 하게 되면 손해율을 줄이는 효과가 미미하므로 수익 전환까지 너무 많은 시간이 소요될

---

* 둘 간의 경쟁 중 한쪽이라도 양보하지 않으면 둘 다 파국을 맞는 게임으로 이때 양보하는 쪽을 겁쟁이(치킨)라 해서 붙여진 이름이다. 손해를 보더라도 상대방을 굴복시키고자 하는 출혈경쟁을 의미한다.

** 추가 매수를 통해 평균단가를 낮추는 행위

것이었다. 그래서 한 종목씩 집중해서 순차적으로 해결하기로 했다.

350만 원을 한 종목에 집중 투자하고 주식 시장의 반등세에 힘입어 빠르게 수익 전환 시킨 후, 그 돈으로 다음 종목 물타기에 집중하기로 한 것이다. 한 종목씩 빠르게 해결해나가면 자신감도 생기기 때문에 멘탈 관리에 유리할 것 같았다. 어떤 종목부터 물타기 할지 고심한 끝에 강한 회복장에서는 중소형주보다 대형 우량주가 먼저 상승할 것이라는 예측을 근거로 대형주부터 투자했다. 그리고 성과를 본 후에 중소형주 순서로 차례대로 손실을 극복해냈다. 이런 전략을 통해 비교적 빠른 시간 안에 절망적인 손실의 늪에서 빠져나올 수 있었다.

-65% 수익률에서 한 달 만에 수전한 썰(2)

대체 이게 무슨 일이냐고...?

탈탈 탈탈
탈탈
성장
??
??

두 번째 전략은 급등할 종목을 찾아 새로 투자하는 것이었는데

급락 후 급등은 국룰이지

그중에서 제일 빨리 올라가는 걸 찾아내고야 만대

가만히 손 놓고 물타기만 하자니
급락 후 급등의 기회를 놓치는 게 너무 아까웠음

그때 내 눈에 들어온 것은
원유 인버스 레버리지 ETN이었다

원유 선물가격의 두 배를 반대로 추종하는 파생상품 ETF와 비슷!

좋아 너로 정했다..!!

월

~지이이이잉~

힝

~지이이이잉~

원유 인버스 레버리지 ETN

사실 이 종목을 선택한 명확한 근거가 있었는데

1. 코로나로 원유 수요가 감소하는 상황에서

 출입국 제한

 공장 가동 중단

2. 원유는 생산량 조절이 어려운 비탄력적 재화였고

OIL

생산계획을 사전에 미리 수립하기 때문에
즉각적인 생산량 대응이 어려움

---

3. 강대국간의 신경전으로 감산 결정을 내리지 못해

미

이러다 다 죽어어에!!!!

VS

죽으면 땡큐지 뭐~

사

러

수요는 폭락하고 공급은 폭등하고 있었던 것

예상은 적중했다
불안한 수요와 공급을 견디지 못하고 원유값은 폭락

코로나 시작 원유가격
(지켜보다가)

$70
$40
$10

매수한 시점

만화상 현재시점

오 계속 떨어지네?

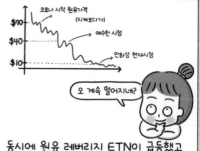

동시에 원유 레버리지 ETN이 급등했고

뉴스와 각종 증권방송에서
추천주로 언급되기 시작할 때

충분히 벌었다는 생각으로
미련 없이 전량 매도하고 빠져나왔다

이렇게 만들어낸 수익은 기존 종목에 재투자했고

비교적 빠른 시간에
손실의 구렁텅이에서 빠져나올 수 있었음

손실에서 벗어난 이후로도
꾸준히 공부하며 투자를 이어갔고

매달 10% 이상의 수익을 꾸준히 내며
자산을 불려갔다

"그렇게 주식천재 벤꿀은 떼부자가
되었습니다"

세상은 그렇게 쉽지 않은 법,
과연 벤꾸리에게 무슨 일이 있던 것일까?

이제 나도 좀 버는데, 이 정도도 못해? 🪙

한번 수익 전환에 성공하자 이후의 투자는 순조롭게 진행됐다. 급격한 상승장의 흐름을 타고 주식계좌는 거침없이 수익을 냈다. 처음에는 월 10% 수준의 수익을 꾸준히 냈고, 서너 달 정도 지나자 수익률은 30%에 이르렀다. 회사에서 버는 월급이 푼돈처럼 느껴질 정도가 되니 자연스럽게 이런 생각이 들었다.

'이제 나도 돈을 좀 버는 것 같은데, 조금만 더 써볼까?'

생활비부터 조금씩 늘렸다. 한 달에 30만 원으로 아등바등 살다가 예산을 50만 원으로 올리고 나니 숨통이 트였다. 아메리카노 한 잔 정도는 매일 마실 수 있었고, 친구들도 횟수에 구애받지 않고 자유롭게 만났다. '이 맛에 돈을 버는구나! 투자로 성공해서 찐

부자가 돼야겠어!'라며 20만 원이 주는 행복을 만끽했다.

한 가지 중요한 사실을 간과하고 있었다. 약간의 여유가 주는 달콤함이 독이 되어 돌아올 수 있다는 사실 말이다. 씀씀이를 늘리기 시작하니 욕심이 스멀스멀 올라왔다. 처음에는 친구들을 한 번 더 보는 것만으로 만족했는데, 계속 만나다 보니 다른 것들이 눈에 들어왔다. 친구들이 입고 있는 옷, 들고 있는 가방. 누가 명품 가방을 샀네? 누가 호캉스를 갔네? 비교하는 마음이 싹트기 시작한 것이다. 한껏 불어난 주식계좌가 옆에서 속삭였다. '너도 돈은 넉넉한데 왜 갖고 싶은 걸 못 사니? 그냥 지르면 안 돼?' 넉넉해진 생활비에서 오던 만족감은 어느새 돈을 더 써야만 치유될 부족감으로 바뀌어 있었다.

한번 불어나기 시작한 씀씀이에는 브레이크가 없는 법. '생활비를 조금만 더 늘려보자'로 시작한 작은 타협은 이내 '월급은 다 쓰고 주식으로 버는 수익만 모으자'로 바뀌었다. 그리고 월급 이상은 쓰지 않겠다던 심리적 마지노선도 늘어나는 사치와 할부 앞에 여지없이 무너졌고, 카드값이 월급을 추월하기에 이르렀다. 늘어난 카드값 때문에 주식 수익금까지 동원됐고 **예수금***에서 카드값을 충당하기 시작하니 '이 정도 지출도 감당할 수 있구나?'라는 위험한 결론에 이르게 됐다. 갈수록 무뎌지는 경각심과 거침없는 씀

---

* 주식 거래를 하기 위해 주식 계좌에 모아 놓은 돈.

씀이로 인해 결국 1년 후 정신을 차렸을 때는, 카드 명세서에 월 200~300만 원이 찍혀 있었다. 거기에 현금 지출 100~200만 원까지. 내 월급 수준으로는 감당이 안 되는 지출 규모로 인해 카드값만 겨우 막는 처지로 전락한 것이다.

절약하지 않으면 돈이 모이지 않는 이유(1)

내 돈 다 어디 갔어?!

~털 : 털~

투자로 자산이 늘어나자
자연스럽게 이런 생각이 들기 시작했다

조금만 더 쓸까...?

많이 버는데 이렇게 아낄 필요가 있나...?

!!!두 둥 !!!

절약

그러다 씀씀이가 커지다 보니

월급은 일단 다 쓰고
돈은 주식투자로 모으는 거야

절약

이런 생각을 하게 됐고

늘어난 지출은 걷잡을 수 없이 불어나

할부가 이게 무슨 일이야...?

일단 예수금에서 빼서
막아야겠다...!

명세서

어느 순간 카드값이
월급을 넘어가는 사태가 발생하기 시작했다

사실 이때도 뭐가 잘못된 건지
전혀 모르고 있었는데

많이 벌고 많이 쓰면
경제에 다 좋은거지 뭐~

일단 맛있는거 먹어!
스테이크 좋아!

문제는 상승장이 끝나면서 나타나기 시작했다

월 10%씩 꾸준히 수익을 올리던 주식계좌는

요즘 수익이 너무 안 좋네

이러다 또 오르겠지 뭐...!

그 폭을 점점 줄여가기 시작했고

씀씀이를 줄이지 못하는 상황에서
　　　자산을 까먹기 시작하면서

결국 자산이 줄어들기 시작했다

더 심각했던 건 이런 상황에서도
　　　여전히 돈 쓰는 재미로 하루하루를 살았는데

이런 나의 어리석음을 정면으로 깨닫게 되는

어떤 사건 하나를 마주하게 된다

그 많던 내 잔고는
어디로 다 갔을까 🪙

2021년 금융권에서는 한 어플에서 모든 계좌를 통합관리 해주는 '오픈뱅킹'이 유행했다. 볼 일이 있어 은행에 들렀다가 무료로 아메리카노 준다는 말에 솔깃해서 얼른 오픈뱅킹을 신청했다. 회사로 복귀하는 길에 내 총자산이 그동안 얼마나 불어났을까 궁금해서 어플에 접속했다. 그곳에는 놀라운 숫자가 나를 기다리고 있었다.

'총자산 3,000만 원'.

머리가 멍해졌다. 지난 1년 6개월간 벌어들인 수익을 생각했을 때 총자산이 고작 3,000만 원일 리가 없었다. 2,400만 원의 시드머니로 시작한 주식 투자였다. 많게는 월 1,000만 원씩도 수익을 냈었는데, 1년 반의 투자 결과물이 고작 600만 원이라니! 숫자는 거짓말하지 않는다지만 그럼에도 눈앞의 현실은 좀처럼 받아들이기 어려웠다. 대체 어디서부터 잘못된 걸까.

돌이켜보면 처음부터 지출 규모가 자산을 깎아 먹을 정도는 아니었다. 분명 이전에 비해 늘긴 했지만 감당할 수 있는 수준이었다. 예수금 계좌에서 현금을 몇 번 인출했어도 전월에 비해 잔고가 감소한 적은 없었다. 그래서 시장에 감도는 불길한 기운에도 여전히 안심하고 과소비를 이어갔다. 문제는 영원할 것 같던 주식 시장의 상승세가 꺾이기 시작했다는 것이다.

물론 나름대로 포트폴리오에 인버스 상품을 비롯해 다양한 종목을 담아 리스크를 헷지(관리)하고 있었다. 하지만 아무리 **포트폴리오***가 탄탄해도 하락장을 견뎌낼 수는 없었다. 결국 점차 줄어들던 수익은 0에 수렴했고, 오랫동안 빨간색으로 영롱하게 빛나던 주식계좌가 어느새 푸르게 물들어 있었다. 그 와중에도 과거의 영광에 취해 효도라는 명분을 내세워 엄마 차까지 할부로 뽑아주고 있었으니 계좌 잔고가 제자리걸음인 긴 당연지사였다. 다시 말해 지출은 최대치로 늘어난 반면 그것을 떠받치던 수익이 무너졌다. 자산이 늘어나려야 늘어날 수 없는 구조였던 것이다.

---

* 자산을 안정적으로 투자 운영하기 위해 분산하는 구성.

무엇보다 내가 간과한 것은, 당시 시장이 과대평가되어 있었다는 점이다. 투자자들은 유행처럼 "눈 감고 아무 종목이나 잡아도 오른다."고 말하곤 했다. 나름대로 열심히 공부하며 투자한 것은 사실이지만 비정상적으로 과열된 시장에서 수익이 과대평가된 것도 사실이었다. 주식 시장이 악화되자 더 이상 수익을 내지 못하면서 내 실력도 겨우 그 정도였음이 여실히 드러났다. 늦은 깨달음이었다.

절약하지 않으면 돈이 모이지 않는 이유(2)

사라진 벤꾸리 돈을 찾습니다~

만약 누군가 나에게 이런 질문을 한다면

작가님이 만나본 최고의 짠테커는 누구인가요?

나는 자신있게 대답할 수 있다

저희 엄마요...!

우리 엄마로 말할 것 같으면
그 시절 짠테크의 귀재였는데

가까운 거리는 걸어다니기

중고물건 활용하기

마트보다는 시장 이용하기

외식보다는 집밥 해먹기

(심지어 저 때는 짠테크의 개념도 없었음)

나는 내심 엄마의 그런 모습이 싫었다

아이스크림 먹고 싶다고 해서 사다놨으니까 먹어~

왜 버라 안 사주는거야 이거 얼마나 한다고

엄마 미워 엄마처럼은 안 살아

칫...

그런데 어느 날엔가 엄마가 이사를 가자며
대뜸 목돈을 내놓았을 때

이렇게 큰돈이 어디서 났어?

어디서나긴 어디서나 열심히 모은거지~

이게 절약과 저축만으로 가능한 일인가 싶어
매우 놀랐던 기억이 있다

한참 이사 때문에 집을 보러 다니는데
문득 이런 생각이 들었다

엄마는 이 돈을 모으려고 얼마나 열심히 살았을까?

엄청 아끼고 모았겠지?

그러면서 동시에
엄마와 나의 삶이 명확하게 대비되어

어떻게든 생계를 유지하려
노력하는 엄마와

오늘은 냉파 화이팅!

주식으로 성공하길 바라는
요행으로 가득 찬 나

상한가 언제 감?

차이를 깨닫고 나니 엄청난 수치심이 몰려왔고

나는 노동과 절약의 가치를
완전히 잊고 있었구나...

내가 무슨 짓을 한 거야..
부끄러워..

엄마의 삶을 부정했던 내가 부끄럽게 느껴졌다

그리고 이날의 깨달음을 얻은 후
나는 삶에 몇가지 변화를 만들었다

재테크에 대한 마음가짐과 목표를
완전히 다시 세워야겠어

비

장

신축빌라 왜 사면 안 되는 건데? 🪙

　돈이 모이지 않는 것에 대해 한참 고민하던 시기, 투자 시장에는 부동산 광풍이 불어닥쳤다. 분당 아파트는 한 달 새 1억이 올랐고, 강남 3구 아파트는 연일 신고가를 갱신했다.

　'역시 답은 부동산이었어! 주식 시장은 끝났다고!'
　부동산 신화가 정답이라는 성급한 결론과 함께 부동산으로 눈길을 돌렸다.

　사실 그동안 우리 가족은 전세를 전전하며 10년 내내 이사를 다녔다. 고등학교 시절 가세가 기울면서 32평 아파트에서 단칸방으로 이사 간 게 시작이었다. 이후 열심히 돈을 모아 방 두 개의 작은 아파트 전세로, 이후에는 더 넓은 빌라 전세로 2년마다 거주지를 옮긴 끝에 마침내 신축빌라 하나를 자가로 구매하기에 이르렀다. 그 과정에서 자연스럽게 부동산에도 자주 들락거렸다. 그래서인지 갭투자, **프리미엄 피***, 주택담보대출, 전세 사기 등 부동산 용어가 친숙했고 시장 사이클도 쉽게 파악할 수 있었다. 지금 같은 시장에서 조금만 더 공부해서 제대로 투자한다면 손쉽게 성공할 수 있을 것 같았다.

그러던 어느 날 한 부동산 관련 영상에서 신축빌라의 위험성을 우연히 접하게 됐다. 자가로 구매한 신축빌라가 아파트에 비하면 작고 초라했지만 이제는 정착할 수 있다는 사실에 마냥 감사했는데, 투자 대상으로 위험하다니! 청천벽력 같았다.

영상에서 기본적으로 사람들은 주거지로 빌라보다 아파트를 선호하는 경향이 있고, 이 때문에 빌라는 매수는 쉽지만 매도는 어려운, 즉 환금성이 떨어지는 특징을 갖고 있다고 했다. 부동산 상승장에는 아파트 가격이 높아서 빌라 수요도 어느 정도 받쳐주기 때문에 크게 문제 되지는 않지만, 하락장에서 아파트가 가시권에 들어오게 되면 자연스레 빌라 수요가 감소하면서 가격도 아파트보다 큰 폭으로 떨어질 위험이 있다는 것이다.

우리 가족이 빌라를 구매한 시점은 부동산이 불타오르기 시작했던 2019년 8월, 그리고 신축빌라의 위험성을 알게 된 시점은

---

* 아파트 분양권 등을 거래할 때 얹어주는 웃돈.

2021년 6월이었다.

'이제 우리 집 집값은 떨어질 일만 남았구나.'

"엄마, 3억이 대체 어디서 났어?" 🪙

생각지도 못한 현실을 마주하고 나니 불안감이 밀려왔다. 작은 신축빌라 한 채가 우리 가족 전 재산인데 이마저 가치가 떨어진다면? 당장 아파트로 이사 가야 한다는 강박에 휩싸였다. 그런데 평생 가난하게 살며 이제 막 빌라 한 채 겨우 산 우리 집에 돈이 어딨다고 아파트로 이사 가나 싶었다. 어떻게든 방법을 찾아보고자 엄마에게 물었다.

"엄마, 아무래도 아파트로 이사 가는 게 좋을 것 같은데 이 집 가격이 얼마나 나갈까?"

"글쎄? 얼마 전에 부동산에서 3억 조금 넘는다고 했던 것 같은데?"

"뭐? 3억이 넘는다고?"

대충 1~2억쯤 되겠거니 예상하고 있었는데, 3억이라니! 사실 집값보다 더 놀라웠던 것은 대출 없이 무려 3억의 자산이 있다는 점이었다. 분명 20대 초반만 해도 단칸방에서 벗어나는 게 목표일 정도로 가정 경제가 어려웠는데 3억짜리 빌라를 살 수 있을 정도로 넉넉해졌다니! 대체 돈이 어디서 났는지 벙쪄 있는 나에게 엄마는 이렇게 말씀하셨다.

　　"돈이 어디서 나긴 어디서 나. 벌고 모으는 거지. 엄마가 10년 동안 안 해본 일이 없잖아. 주부로 살다가 할 수 있는 일이 뭐가 있었겠어. 보험 영업하고, 정수기 관리하고, 화장품 방문판매하고. 할 수 있는 일, 돈 되는 일은 닥치는 대로 했지 뭐. 그리고 최대한 절약하면서 사는 거야. 엄마도 대형마트 가서 예쁘게 포장되어 있는 거 사고 싶지. 그런데 비싸잖아. 그러니까 그냥 시장 가는 거야. 시장에서 콩나물 사서 국 끓이면 싸고 맛있게 한 끼 해결할 수 있는데 그게 참 감사하더라. 그렇게 모은 돈이야, 저 돈이. 엄마가 항상 이야기했지? 절약이 기본이라고. 엄마는 이렇게 살았어!"

　　엄마의 10년 고생이 고스란히 녹아 있는 돈 3억 5,000만 원(그 와중에 상승하는 부동산 시장에 힘입어 빌라는 최종적으로 3억 5,000에 매도했다). 그 돈으로 부천, 시흥, 광명 일대를 샅샅이 뒤지며 임장을 다녔고, 일부 대출받아서 예산 안에 들어오는 아파트 중 입지 좋고 재건축될 가능성 높은 곳들 중 한 곳을 골라 계약했다(예산은 대출을 감당할 수 있는 수준이어야 했기 때문에 4억으로 한정했다). 28평에 방이 세 개인 컨디션이 꽤나 좋은 아파트였다.

집을 계약하고 부동산을 나서는 길. 문득 엄마의 모습과 나의 모습이 명확하게 대비되어 보였다. 어떻게든 가정을 살리기 위해 닥치는 대로 일해온 우리 엄마. 가난을 이겨내기 위한 'N잡 장군'으로서 현실과 매일 고군분투했지만, 그 덕에 우리 가족은 행복한 삶을 살아낼 수 있었고 끝내 아늑한 보금자리도 구할 수 있었다. 정직과 성실이 일궈낸 위대한 결과였다.

그에 비해 내 모습은? 부자가 되고 싶은 욕망은 있지만 능력은 없었다. 그래서 요행을 바랐다. 주식 한방으로 인생을 뒤집겠다고 외치고 다녔다. 그러나 우습게도 내 인생을 뒤집어 놓은 것은 건강하지 않은 소비 습관이었다. 통장에 남은 것은 수익이 아니라 부끄러움이었다. 열심히 해도 안 되는 주식과 통제에서 벗어난 씀씀이를 양손에 하나씩 쥐고 있는 모습을 보지 못한 채 요행만 바라던 나. 엄마와 나 사이의 차이를 깨닫고 난 뒤 나는 인정할 수밖에 없었다.

'절약하지 않으면 돈은 절대 모이지 않는다. 초심으로 돌아가자.'

돈을 모으는 목적

어쩌다 내가 돈을 펑펑 쓰게 된 건지
이유를 점검할 때

가장 먼저 돌아본 것은 돈을 모으는 목적이었다

대학 시절부터 돈을 모으는 것은 참 좋아했지만

그 목적은 항상 '소비'에 있었다

그러다 보니 절약을 이어가면서도 돈이 모이면

자연스럽게 어떻게 쓸지를 생각하기 바빴다

오랜 고민 끝에 돈을 모으는 목적 그 끝에는

소비가 아닌,
다른 무언가가 있어야 한다는 결론을 내렸다

이를 위해 스스로에게
가장 본질적인 질문을 던졌다

내가 행복한 순간을 떠올리자
세 가지 삶의 모습이 떠올랐다

1. 경제적 걱정이 없는 행복한 가정생활

2. 하고 싶은 일을 하는 삶

3. 타인을 도우며 희망을 전하는 삶

이 세 가지를 모두 이룬 삶을

" 이 정도면 잘 살았다고
할 수 있을 것 같아...!

죽는 순간에 만족할 만한 삶을 살았다고
말할 수 있을 것 같았다

이런 삶을 위해 돈을 모으겠다고 다짐하자

안녕! 잘 있어.

반가워 친구!

소비

가치

자연스럽게 돈을 모으는 것의 목적을
소비에서 가치로 이동시킬 수 있었고

이때를 기점으로
내 삶의 많은 부분이 변화하기 시작했다

앞으로는 이렇게
살아갈 거야

그동안 나는 왜
돈을 모으지 못했을까?

생각해보면 처음부터 절약하지 않았던 것은 아니다. 직장생활을 하며 꾸준히 절약과 저축을 이어왔다. 어느 순간 돈을 대하는 나의 자세가 돈을 모으는 것에서 돈을 쓰는 것으로 이동했다는 것을 깨달았다. 돈을 갑자기 많이 쓰게 된 근본적인 원인을 찾아야 한다는 결론에 이르렀고 곰곰이 생각했다.

'내 마음 깊숙이 어떠한 문제가 있는 것은 아닐까?'

스스로의 내면을 들여다봐야 하는 시간이 찾아온 것이었다.
먼저 돈을 모으려는 목적을 돌아봤다.

'나는 돈을 왜 모으고 싶지?'

돌이켜보면 돈을 모으는 목적의 끝에는 항상 '소비'가 있었다. 대학생 때 열심히 아르바이트 하고 절약하며 돈을 모은 건, 여행을 위해서였다. 한 학기 내내 치열하게 살면서 수백만 원을 모으면 과감하게 호주행, 캐나다행 비행기표를 끊었다. 2주에서 한 달 정도 마음껏 즐기다 돌아왔고, 그때 느낀 소비의 쾌감은 돈에 대한 욕망을 더욱 크게 만들어주었다.

중국에서 어학연수 할 때도 마찬가지였다. 집에서 지원해주는 최소한의 생활비로는 여행을 다니거나 원하는 물건을 마음껏 구매할 수 없었다. 그래서 친구들에게 밥을 해주며 받은 푼돈을 악착같이 모았고, 한국에서 미리 벌어온 아르바이트비를 더해 중국 전역을 여행했다. 여행 다니며 기념이 될 만한 물건들은 머뭇거리지 않고 질렀다. 그것이 내가 애써 모은 돈의 가치이자 돈을 모으는 이유라고 생각했다. 부자 되면 하고 싶은 거 다 하고 살 거라는 욕구가 무의식 속에 자리했던 것이다.

취업 이후 절약을 이어가면서도, 매 순간 '돈을 모아서 어떻게 쓸 것인가?'가 머리를 맴돌았다. '여행 갈까?' '일 년에 한 개씩 명품 가방 사고 싶다' '결혼할 때 혼수 좋은 것 하려면 조금 더 모아야겠지!' 돈을 모으면서도 머리 한켠에는 소비할 생각만 가득했다. 그러니 막상 목돈이 쥐어졌을 때 여행, 가방, 파인다이닝, 호캉스로 무분별하게 소비하며 그동안의 노력을 무색하게 만든 건 어쩌면 당연한 수순이었을지도 모른다. 열심히 모으기만 한 것에 대한 보상심리가 터졌던 것 같기도 하다.

고민 끝에, 과거에 세운 목표와 소비 패턴을 돌아보며 한 가지 결론에 이르렀다. '돈을 모으는 목적의 끝에 소비가 있으면 결국 다 쓸 수밖에 없다'는 것. 소비가 아닌 '다른 무언가'가 있어야 한다는 결론 말이다.

밀려오는 허탈감을 추스르며 돈 모으는 목표를 다시 설정했다. 먼저 가장 본질적인 질문을 스스로에게 던졌다.

"나는 왜 돈을 모으고 싶지?"
"행복하고 싶어서."

다시 물었다.

"그럼 너는 어떤 삶이 행복하다고 생각해?"

마음속에 세 가지가 선명하게 떠올랐다.

1) 내가 속한 가정에서의 안정적인 삶
2) 내가 만들어낸 재밌는 일로 수익까지 창출하는 삶

3) 타인에게 베풀며 희망을 전하는 삶

어릴 적부터 경제적으로 어려운 시간을 보냈기에 돈 걱정 없이 배불리 먹고 맘 편히 쉬는 삶을 살고 싶었다. 그리고 기본적으로 일하는 것을 좋아하긴 하지만 이왕이면 재밌는 일을 하고 싶었고, 내가 주체적으로 한 일로 수익까지 낼 수 있다면 더없이 행복할 것 같았다. 마지막으로 내가 어린 시절과 청년 시절에 죽을 만큼 힘들었기 때문에 같은 상황에 놓여 있는 사람들, 특히 한부모/미혼모 가정의 사람들에게 희망이 되어주고 싶었다.

내가 살면서 추구해야 할 목표는 이 세 가지 가치였다. 그것을 이룰 수 있다면 마지막 순간에 '인생 헛살지 않았다!'라고 자신할 수 있을 것 같았다.

돈을 모으는 목적(2)

첫 번째 변화는 타인과의 비교에서 벗어날 수 있게 되었다

내 행복, 내가 원하는 삶을 스스로 이미 알고 있기 때문에

누가 얼마나 잘나가는지는 더 이상 나에게 중요한 문제가 아니었다

동시에 내 삶의 방향이 소중한 만큼 다른 사람의 삶 또한 소중하다는 것을 깨달아

오히려 타인을 더 잘 존중할 수 있게 되었다

두 번째로는 당장의 행복에 일희일비하지 않게 되었다

보다 장기적인 시야로 삶을 바라보고

이런 생각으로 현재를 살아낼 수 있게 되었다

"안녕히 계세요 여러분~
속박과 굴레를 벗어던지고"는 못해도 🏛

삶의 방향을 정리하고 나니 돈 모으기의 목표 또한 자연스럽게 이동했다. '소비'에서 '가치'로 말이다. 많은 변화가 뒤따랐다.

먼저, 절약을 바라보는 시선이 변화했다. 지금 돈을 모으는 것은 현재의 행복을 포기하는 '고통의 시간'이 아니라, 미래에 더 소중한 가치를 실현하기 위한 '투자의 시간'이라는 생각이 자리 잡았다. 그리고 나니 절약이 즐거워지면서 소비 통제 능력도 향상되어 힘들게 모은 돈을 쉽게 낭비하지 않게 되있다.

둘째, 일희일비하지 않게 됐다. 장기적인 시야를 갖게 된 것이다. 예전에는 원하는 것을 당장 갖지 못하면 불행하다고 느꼈다. 목표를 이루지 못하면 좌절감 때문에 쉽게 포기하곤 했다. 하지만 이제는 이루고자 하는 궁극적인 가치들이 미래에서 나를 기다리고 있기 때문에 당장의 부족한 결과에 좌절할 필요가 없다는 마인드를 갖게 됐다. 그리고 이는 결과와 상관없이 현재 해야 할 일에 집중할 수 있게 해주는 원동력이 됐다.

마지막으로 타인과의 비교에서 자유로워졌다. 예전에는 친구들이나 직장 동료들에게 좋은 일이 생기면 질투심이 올라왔고 명품을 들고 와서 자랑하면 박탈감이 몰려왔다. 남들과 비교하며 열등감과 우월감을 오갔다. 조금이라도 위에 서고자 하는 몸부림이 인생의 전부였다. 그러나 내가 원하는 삶과 추구하는 행복의 모양새를 발견한 후에는 누가 얼마나 잘나가는지 더 이상 신경 쓰지 않게 되었다. 그저 내 행복을 추구할 뿐이었다. 밤하늘에서 가장 빛나는 별이 아니더라도 모든 별이 각자 자신의 자리에서 반짝이고 있듯이 다른 사람들도 각자의 가치관대로 멋지게 살아가고 있음을 깨달았다. 타인의 삶을 있는 그대로 존중하는 법을 배우면서 친구들의 성공도 진심으로 응원하는 자신을 발견하게 됐다.

마음에 근본적인 변화가 일어나자 과거 소비요정이던 모습은 자연스럽게 청산됐고 새 삶의 목표와 함께 인생 2라운드를 계획할 수 있게 되었다.

지난 20대를 돌아보면 돈의 여정에 파란만장한 변화를 겪었다는 생각이 든다. 당장 지갑에 단돈 만 원이 없어 밥 한 끼 사 먹지 못했던 시절도 있었고, 엄청난 주식 상승장에 힘입어 매달 월급의 몇 배에 달하는 수익을 내보기도 했다. 그리고 엄청난 절약과 소비를 오가며 다양한 소비 패턴을 경험하기도 했다.

이 모든 과정을 거치면서 깨달은 한 가지는 돈을 모으는 목적이 돈 자체가 되어서는 안 된다는 것이다. 돈 그 자체에 집착을 하다 보면 나보다 많이 가진 사람들과의 비교와 박탈감 속에서 헤어나올 수 없다. 늘 불행할 수밖에 없는 것이다. 그저 더 벌고 싶고 더 가지고 싶은 욕심에 삶이 피로와 허무함으로 가득 차게 될 수도 있다.

모든 과정에서 가장 중요한 것은 나의 행복이다. 내가 언제 어떤 상황에서 행복한지를 정확히 알고 돈을 모아가야, 돈 모으는 것이 지치고 힘든 순간을 버티고 이겨낼 수 있는 동력이 생기기 때문이다. 나는 돈을 모으는 것에 집착하기보다 내 행복을 먼저 챙겨야 한다는 이 사실을 10년간의 경험과 방황 끝에, 20대의 끝자락에서 비로소 깨달은 것이다. 이제는 더 이상 돈만 생각하기보다 더 행복한 내 미래를 그리기 위해 돈을 제대로 모아보기로 결심했다.

2

아끼기

SAVING TO
MAKE
MORE MONEY!

과거의 저는 전혀 안 그랬습니다...

과거 원천징수 영수증 인증

여기에 중고차 구매내역은
10%만 반영됨
(+2300만 원)

자료 구분	각종 소득공제 · 세액공제 항목								
	신용카드 등 사용액공제								기부금
	신용카드	직불카드 등	현금영수증	도서공연등 사용분 (총급여 7천만원 이하자만 기재)	전통시장 사용분	대중교통 이용분	소비증가분		
							2020년 전체 사용분	2021년 전체 사용분	
국세청 계	28,286,690	4,721,170	3,138,681	419,370	194,400	101,950	30,291,301	36,862,261	1,076,000
기타 계	0	0		0	0	0	0	0	0
국세청	28,286,690	4,721,170	3,138,681	419,370	194,400	101,950	30,291,301	36,862,261	1,076,000
기타	0	0		0	0	0	0	0	0

카카오로 송금한 금액까지 하면
7000만 원까지 썼을 수도...

지금보니
20년부터 이미 망조였군...

1년 동안 6000만 원 넘게 썼음!

가끔 과거 씀씀이를 공개하면
어김없이 이런 DM들이 쏟아지는데요...!

저도 작가님처럼 체계적으로 모아보고 싶은데
뭐부터 해야 할지 모르겠어요 ㅠㅠ

제가 돈을 모으기로 마음먹고
밟았던 단계들을 공유해드리려고 해요!

따라하시기 쉽게 천천히 설명해드릴테니
끝까지 함께 해주세요!

먼저 당시의 제 상황을 말씀드리자면 말이죠

얼마 쓰지?

얼마 있지?

지출과 수입이 얼마를 오가는지 전혀 모르는
혼란 그 잡채였죠...

그래서 돈과 관련된 현재 상황을
정리해보는 게 우선이라 생각했고

자산현황, 수입, 지출표를 만들어서
얼마를 쓰는지, 버는지, 가지고 있는지 정리를 해보았어요!

표!

표!

자산   수입   지출

자산과 수입을 정리할 때 유의할 점은

최대한 빠지는 내용이 없게
꼼꼼하게 정리해보는 것입니다

자산에는 가지고 있는
카드와 계좌 다 정리해주기

수입은 이자, 부수입, 월급 등
크고 작은 내역 모두 정리하기

카 드

통장

수입

이자   부수입   월급

아마 이런 정리가 처음이라면 어려울 수 있지만
한번 해두면 자산관리가 굉장히 쉬워집니다!

지출을 정리할 때는 먼저 전체 목록을 파악하고

현금은 체크카드 내역
챙겨서 확인하기

카드 사용 내역은
카드사에서 메일로 받기

OO 은행

XX 카드

카테고리화를 해서 한번 더 정리해줍니다

식비

여행적금

생활비

비상금   구독료   교통/통신

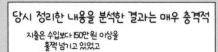

당시 정리한 내용을 분석한 결과는 매우 충격적

지출은 수입보다 150만 원 이상을
훌쩍 넘기고 있었고

지출
500만 원

>

수입
350만 원

자산은 1년 반 전에 비해
고작 1000만 원이 늘어 있었습니다

그동안 번 돈이 얼만데
꼴랑 이게 남았어?

돈이 줄줄 새고 있다는 것을
숫자를 보고서야 알아차린 것이었죠

상황의 심각성을 깨닫고 시도한 것은 바로...!

일단 이것부터 해보자...!

대체 한 달에 얼마를 쓰고 있던 거야? 🏛

텅 빈 통장에 제대로 돈을 모아보기로 결심했다. 이번에는 소비귀신에 붙잡히지 않고 끝까지 완주하리라는 열정으로 불타올랐다. 그러나 너무 오랫동안(대략 1년 6개월 정도) 무분별한 소비 생활을 이어온 탓일까? 막상 무엇부터 시작해야 할지 막막했다. 그도 그럴 것이 그동안은 매달 지출하는 금액이 커지다 보니 기록을 남기는 것 자체가 스트레스였고, 자연스럽게 수입과 지출 내역을 정리하지 않고 있었다.

현재의 재정 상태를 정확히 파악하지 못하는 혼돈 속에서 미래를 계획하기란 불가능한 일이었다.

자산 상태를 파악하기 위해 노트북을 열고 모든 돈의 흐름을 적어 내려갔다.

우선 가지고 있는 자산을 여섯 가지 항목(현금/저축/부동산/투자/대출/비상금)으로 분류했다. 대부분의 자산은 주식에 묶여 있었고, 주식을 제외하면 약간의 예금이 있을 뿐이었다. 그동안 주식 물타기 하느라 바빴기 때문에 적금은 당연히 없었고, 비상금 명목으로 만들어 놓은 통장에도 자랑스럽게 0원이 찍혀 있었다. 처참하기 그지없다. 자산을 '정리'하겠다고 책상 앞에 앉았는데 막상 아무것도 정리할 게 없는 현실에 좌절했다.

그보다 충격적이었던 것은 대출 항목이었다. 사실 나는 대출이 없는 사람이라고 자부했었다. 마이너스 통장이 있긴 했지만 그마저도 사용하지 않고 있었다. 그런데 자산을 정리하다 보니 할부도 대출로 분류된다는 사실을 알게 됐다. 할부는 한 달에 얼마씩 상환하는 것 정도로만 생각하고 있었는데 나도 모르게 내 앞으로 대출이 잡혀 있었던 것이다.

엄마 차 뽑아준 1,500만 원에 각종 할부 값 500만 원을 더해서 무려 2,000만 원이 떡하니 똬리를 틀고 나를 노려보고 있었다. 오픈뱅킹을 확인하기 전까지는 자산이 5,000만 원이라고 알고 있었는데 할부금을 공제하고 나니 3,000만 원만 남았다. 앞자리가 두 번이나 바뀔 만큼 내 자산을 과대평가하고 있었음을 발견했다.

그다음으로는 지출. 정확한 지출 내역을 확인하기 위해 카드 사에 전화해서 최근 3개월 지출 내역을 엑셀로 뽑아 달라고 요청했다. 그렇게 확인한 금액은 가관이었다. 당시 수입처는 주식 매매차익과 회사 급여로 구성돼 있었고, 주식은 시장 상황이 좋지 않아 수익을 거의 못 내고 있었기 때문에 사실상 급여가 수입의 전부였다. 당시 월급이 350만 원 정도였는데 확인한 결과 카드값만 월평균 350만 원이 나오고 있었다. 카드값과는 별도로 부모님 용돈, 현금으로 내는 보험료, 체크카드 이용료, 카카오페이로 송금한 금액까지 매달 150~200만 원의 추가적인 현금 지출도 있었다. 한마디로 월급은 350인데 지출은 500이 넘어가고 있었던 것이다.

체계적인 자산관리를 위해 지출을 자세히 뜯어보기로 했다. 처음에는 일반적으로 하는 방식을 따라 고정비와 변동비로 지출을 분류했다. 매달 고정적으로 나가는 지출은 고정비로, 상황에 따라 유동적인 지출은 변동비로 분류했다. 그렇게 정리하다 보니 '지출을 줄여보자고 분석하는 건데 이대로 적용하는 게 맞나?' 하는 생각이 들었다. 일반적으로 고정비와 변동비는 예산 계획을 세울 때나 기업에서 사업 원가를 관리할 때 많이 사용하는 기준이기 때문이다. 그래서 '절약에 초점을 맞춰' 네 가지 기준을 세워 보기로 했다.

1) 필수 지출

2) 생활 지출

3) 무계획 지출

4) 무의식 지출

먼저 필수 지출은 꼭 해야만 하는 지출, 절대 피할 수 없는 지출을 의미한다. 필수 지출 항목은 '필수'라는 단어가 주는 무게감을 활용하기 위해 기준을 상당히 엄격하게 적용했다. 대표적인 항목으로는 통신비, 월세, 냉/난방비처럼 노력하면 줄일 수는 있지만 아예 없애기는 어려운 항목들이 포함된다.

두 번째, 생활 지출은 이 지출이 없다고 해서 일상생활이 곤란해지지는 않지만 적절한 생활 수준을 유지하기 위해 필요한 지출을 의미한다. 대표적인 사례로 외식비, 꾸밈비, 교육/여가비같이 생활을 윤택하게 만들어주는 항목들이 있다.

세 번째, 무계획 지출은 말 그대로 계획에 없던 충동적인 지출을 의미한다. 사실 대부분의 낭비는 무계획 지출에서 비롯된다. 기분이 좋지 않다는 이유로 주문한 매운 떡볶이, 남들이 다 갖고 있는 것 같아서 덜컥 구매한 가방, 덜렁대다 잃어버린 물건 때문에 지출한 '멍청비용', 그냥 지나가다 눈길을 사로잡은 예쁜 물건을 집어 드는 충동구매 등 이 모든 것이 무계획 지출에 해당한다.

마지막으로 무의식 지출은 나가는지도 모르게 술술 새고 있는 지출을 의미한다. 결제하고 사용하지도 않는 각종 구독료, 존재조차 잊고 지내던 각종 할부금 등이 해당된다. 개인적으로 무의식 지출은 레이더에도 안 잡힌 채 재산을 갉아먹는다는 점에서 폐해가 가장 심각하다고 생각하는데, 구독료로 매달 10만 원가량이 빠져나가는데도 눈치를 못 챘을 만큼 위험성이 높다.

이 네 가지 기준을 바탕으로 지출 내역을 정리하고 통계를 내보니 무계획 지출과 무의식 지출로 얼마나 무의미하고 충동적으로 돈을 낭비하고 있었는지가 한눈에 보였다. 그리고 생활의 윤택함과 편리함을 위해 적지 않은 돈을 무분별하게 쓰고 있었음도 직시할 수 있었다. 돈을 물 쓰듯 쓴다는 게 바로 이런 거구나! 돈을 모으기 위해서는 완전히 '다른 사람'이 되어야 한다는 깨달음이 무겁게 다가왔다.

할부가 하고 싶을 땐 이렇게 해보세요!

꿀팁을 공개합니다!

저번에 이 만화를 그리고 나서

할부는 안돼요

돈모으기 시작하고 이거는 절대 안합니다

바이이이이 도리도리 NO야!! 도리도리

@wenggui-toon

몇몇 분들이 이런 디엠을 보내주셨습니다

저런 고민을 가지고 계시구나!

작가님 돈이 없는데 사고싶은 물건은 많고 ㅠㅠ 할부가 너무너무 하고싶은데 이 할뻔 마음을 어떻게 다스리나요? 😥

이런 분들을 위해 벤꾸리가 전하는 할부를 다스리는 꿀팁!

우리 함께 아이패드 프로를 사고 싶다고 가정을 해봅시다요!

먼저 물건의 금액과 할부 개월수를 고려해 한 달에 지불하게 될 금액을 계산합니다

IPAD PRO5

$1,148,000 \times 1.05$ 할부이자

$= 1,205,400$원!

오회 그럼 한 달에 10만원 씩 12개월 동안 내면 되는군.져

그 다음 새 적금통장을 만들어 이름을 붙여주고

통장 만들기 끝! 외지 ~

어디 한 번 달려보자고! 뿜뿜

할부금으로 나갔어야 하는 돈을 모아줍니다

감사합당! 가져가세요

쉽게 말해 돈을 모아 물건을 사는거죠!

할부금을 모아가는 동안 이 물건의 가치에 대해 생각해봐야 합니다

이것이 없으면 삶의 질이 현저히 떨어질까?

이 물건이 정말 꼭 필요한걸까?

심사숙고의 시간..

이 단계에서 물건을 안산다고 결론을 내면
내 수중에는 목돈이 생겨 기쁜 것이고

이제 나 필요 없어?

IPAD PRO

난 에어면 충분해!

원래 쓰던
아이패드 기종

모아둔 목돈

그럼에도 불구하고 꼭 사야한다는 결론이 나면
기쁜 마음으로 사면 됩니다

결제는 어떻게 해드릴까요?

일시불이요!

아이패드 프로

여기서 조심해야 할 것은
중간에 적금을 깨면 안된다는 것입니다!

한 번 적금을 깨기 시작하면 습관이 돼서
나중에 예적금을 마구 깰 위험이 있습니다

~ 삐이이이이 ~

최악의 경우 주택청약까지
깨는 경우가 생깁니다!

이런 과정을 통해서!

나에게 꼭 필요한 물건인지
고르는 방법을 배우고

돈을 모아서 물건을 구매하는
좋은 습관을 들일 수 있습니다!

이렇게 하면

할부는 안하고!

기다려서 산 만큼
만족도는 두배라구요!

불필요한 지출은 줄이고

어떤가요? 여러분도 한 번 도전해보시겠습니까?

악의 구렁텅이, 폭망의 원흉! 할부 막는 법 🏛

지출을 분석하면서 가장 충격을 받았던 부분은 '할부'이다. 처음 할부를 시작한 것은 돈을 막 쓰기 시작할 무렵 140만 원짜리 카메라를 구매했을 때이다. 그 시기만 해도 나는 할부를 '절대 하면 안 되는 것! 악의 구렁텅이!'로 인식했었다. 사회생활을 시작한 이후 한 번도 할부를 해본 적이 없었는데 하필 카메라를 사기 위해 매장에 방문한 그날, 한 행사가 진행 중이었다.

"12개월 무이자 할부!"

당연히 할부는 내 것이 아니라고 생각하고 일시불로 결제하려는 순간! 점원의 한마디가 들려왔다.

"손님, 지금 행사 중이라 12개월까지 무이자 할부 되세요!"

원래 생각이 없다가도 옆에서 부추기면 귀가 팔랑거리는 법. 생전 고민조차 해본 적 없던 할부였지만 어느새 할지 말지 진지하게 고민하기 시작했다. 할부로 사면 당장 목돈을 안 써도 한 달 약 12만 원에 카메라를 얻을 수 있었다. 게다가 당장 아낀 140만 원을 저금하면 이자까지 붙을 테니 일석이조가 따로 없었다. 덜컥 무이자 할부를 지르고 나와서 큰 지출 없이 원하던 카메라를 샀다는 사실에 즐겁고 행복했다.

문제는 그다음이었다. 할부도 한 번이 어렵지 두 번, 세 번은 수월했다. 사고 싶은 물건이 생길 때마다 "한 달에 만 원이니까, 10만 원이니까!"를 외치며 할부를 늘려갔다. 처음에는 무이자 할부만 했지만 점차 유이자 할부에도 손댔고 어느 순간 감당할 수 없는 수준까지 할부금이 불어나 있었다. 그러고도 정신 못 차려서 카드 대금 분할납부까지 신청하며 내심 리볼빙*은 안 해서 다행이라고 합리화했다. 대금 분할납부나 리볼빙이나 크게 다를 것도 없는데 말이다. 겨우 카드값을 막고 나면 또 돈이 없어서 카드를 남용하는 악순환이 반복됐다.

---

* 원래 대금결제일에 약 10% 내외의 금액만 결제하고 나머지 금액은 고금리 이자를 지불하고 차월 결제로 미루는 회전결제방식이다.

마침내 카드값이 300만 원을 돌파했을 때, 비로소 카드 사용 습관에 문제가 있음을 인지했다. 월급에 육박하는 카드값 명세서를 보며 너무 습관적으로 카드를 긁는 게 아닌가 반성하게 됐다. 원흉은 할부였다. 돈이 없으면 소비를 줄이는 게 정상인데 할부로 소비의 허들이 낮아지면서 과소비로 이어진 것이다. 무이자 할부가 카드사의 서비스가 아니라 소비를 부추기려는 고도의 마케팅이라는 사실이 새삼 뼈아프게 다가왔다. 이 사실을 깨달은 후 그동안 모아둔 돈으로 할부를 모두 갚았고, 할부라면 무이자조차 쳐다보지 않았다.

목돈을 써야 해서 할부가 눈앞에 어른거릴 때는 '먼저 모으고 그다음 결제하는 전략'을 사용했다. 예를 들어 아이패드가 사고 싶은 상황이라면, 먼저 물건의 금액과 할부 개월 수를 고려해 한 달에 지불하게 될 금액을 계산한다. 그다음 새 적금통장을 만들어 이름을 지어주고 할부금으로 나갔어야 할 돈을 적금으로 차곡차곡 모아준다. 그리고 할부금을 모아가는 동안 이 물건의 가치를 되짚어본다. 정말 나에게 필요한 것인지, 혹 과시소비는 아닌지 충분히 숙고한다. 물건을 안 사도 될 것 같으면 수중에 목돈이 생겨 기쁜 것이고, 꼭 사야겠다는 결론에 이르면 기쁘게 구매하면 된다. 물론 일시불로 말이다. 이런 과정을 통해 충동소비도 억제하고, 돈을 모아서 구매하는 습관도 들일 수 있었다.

한 달 생활비!
60% 줄인 방법 공유해요(3)

한 달 예산 이렇게 한번 짜보세요!

필수 지출
생활 지출
무계획 지출
무의식 지출

지난번 지출 분석을 진행한 결과를 바탕으로
오늘은 예산을 함께 짜보도록 하겠습니다

우선 네 가지 항목 중 무계획/무의식 지출을 날려주고

무계획 지출
무의식 지출

!!!버려
버려!!!

필수 지출   생활 지출

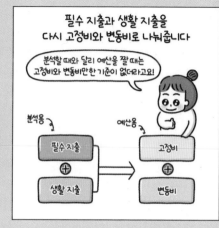

필수 지출과 생활 지출을
다시 고정비와 변동비로 나눠줍니다

분석할 때와 달리 예산을 짤 때는
고정비와 변동비만한 기준이 없더라고요!

분석용
예산용

필수 지출
＋
생활 지출

고정비
＋
변동비

그리고 지난번 정리한 총수입을 기억하시나요?

총수입 —— 이자, 부수입, 월급

⊖ 고정비 —— 한 달 고정비를 빼주면

⊖ ??? —— 계획을 세울 수 있는 금액이 나옵니다

⊖ ???

???

그런데 잠깐!!
여기서 한 가지를 더 빼주어야 하는데요!

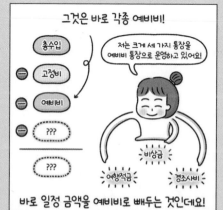

그것은 바로 각종 예비비!

총수입

⊖ 고정비

⊖ 예비비

⊖ ???

???

저는 크게 세 가지 통장을
예비비 통장으로 운영하고 있어요!

비상금

여행적금   경조사비

바로 일정 금액을 예비비로 빼두는 것인데요!

갑작스럽게 목돈이 나가야 할 경우를 대비해

엄마 설 용돈은
경조사비에서!

다음 여행 가려면
미리 돈 모아야지!!

경조사비   비상금   여행적금

일정 금액을 매달 모아두고 있습니다!

"5만 원으로 한 달 살기" 하다가 벌어진 일 🏛

현재 자산 상태를 직시하고 나니 물음표 하나가 머릿속을 떠다 녔다.

'얼마를 모아야 적당히 모으는 거지?'

저축액을 정해야 하는 순간이었다. SNS를 보면 절약 좀 한다 고 하는 사람들은 적게는 60%, 많게는 90%까지 저축을 이어가고 있었다. 자랑스럽게 올라오는 80% 이상의 저축률을 보며 '돈을 모 으는 사람들은 다들 저만큼은 하는구나! 나도 80% 저축해야지!'라 고 단순하게 생각했다.

당시 월급의 80%를 저축하고 고정비까지 제외하면 남는 돈은

15만 원 남짓이었다. 한 달을 15만 원으로 버텨보겠다고 호기롭게 도전했으나 어림도 없었다. 교통비, 통신비만 해도 최소 10만 원이 필요했다. 실질적으로 5만 원으로 한 달을 살아야 했던 것이다. 불가능한 목표를 위해 어거지로 아끼다 보니 스트레스가 극심해졌고 결국 절약 포기와 보복소비로 이어졌다.

한번은 직장 동료들과 카페에 갔는데 가위바위보에서 진 사람이 커피를 사기로 내기했다. 내가 걸렸고 커피값으로 7,500원을 냈다. 한 달 생활비의 15%를 한순간에 날린 것이다. 벌칙이니까 기꺼이 커피값을 내긴 했지만 그동안의 절약 노력이 물거품이 됐다는 사실에 화가 났다. 결국 그날 귀갓길에 충동적으로 마라탕 한 그릇을 포장하기에 이르렀다. 어차피 절약은 해봐야 안 된다는 감정적 충동에서 비롯된 보복소비였다. 이 일을 계기로 한 가지 사실을 명확히 깨닫게 됐다.

'절약과 재테크는 현실 가능한 범위 안에서 이루어져야 한다.'

SNS에서 본 다른 사람들의 목표를 내 목표로 삼다 보니 역량을 넘어선 수준의 절약을 해야만 했고, 이는 조급함과 불안함으로 이어졌다. 돈을 쓸 때마다 죄책감을 느끼는 절약 생활은 절대 장기간 이어갈 수 없겠다는 확신이 들었다. 고민 끝에 두 가지를 조정하기로 했다.

먼저, 높은 저축률을 포기했다. 전에는 70~80%의 저축률을 달성하지 못하면 절약에 뒤처진 사람이라고 생각했다. 하지만 꼭 80%를 저축하지 않아도 최선을 다하고 있다면 충분하다는 마인드를 유지하려고 노력했다. 둘째로, 다른 사람들이 얼마를 모았나보다 내가 얼마를 모을 수 있는가에 집중하기로 했다. 사람들은 각자 경제적 상황이 모두 다르다. 가정 경제를 책임져야 하는 사람도 있고, 자취로 월세와 생활비 지출이 많은 사람도 있다. 각자의 상황을 받아들이고 그에 맞는 목표를 세워야 지속가능한 돈 모으기를 실천할 수 있겠다는 결론에 이르렀다.

나에게 맞는 저축 목표와 예산을 세우기 위해 네 단계를 거쳤다.

1) 지출 다이어트 돌입하기

지출 내역 중 무계획, 무의식 지출은 과감하게 없앴다. 무계획, 무의식 지출이야말로 가장 불필요한 항목이기 때문이다. 생활 지출 중 줄일 수 있는 부분도 추려냈다. 대표적으로 주 3회 가지던 술자리와 외식을 주 1회로 제한하거나, 없어도 무방한 구독 서비스를 해지했다. 필수 지출은 줄일 수 있는 부분을 최대한 줄였다. 통신 요금제를 알뜰폰으로 변경해 통신비를 줄였고, 도시락으로 식비를 아꼈다.

2) 수입에서 고정비 빼기

지출 다이어트를 감행한 후 3개월 치 평균을 다시 내서 이를 고정비와 변동비로 분류했다. 고정비와 변동비만큼 예산 짜기에 적합한 기준은 없기 때문이다. 그리고 전 단계에서 정리한 총수입에서 고정비를 뺀 금액을 바탕으로 자금 운용 계획을 세웠다.

3) 예비비(비상금) 준비하기

자금 운용 계획을 세우기 전 각종 예비비를 미리 마련했다. 예비비의 용도는 목돈이 들어갈 것에 대비해 미리 목돈용 자금을 만들어 두는 것이다. 다른 말로 비상금 통장이라고도 한다. 예비비를 크게 비상금, 여행적금, 경조사비로 나누어 관리했다. 이 부분은 추후 통장 쪼개기 파트에서 좀 더 자세히 다루겠다.

4) 저축액과 예산 결정하기

총수입에서 고정비와 예비비를 제한 금액을 가지고 저축액과 예산을 산출했다. 저축액을 먼저 정하고 남은 돈으로 변동비 예산을 짰다. 앞서 이야기한 것처럼 지나치게 높은 목표는 부작용이 따를 수 있기에 월급의 50% 정도를 저축 목표로 세우고 향후 목표 저축률을 높여가기로 했다. 물론 생활에 지장이 없다면 50% 이상의 높은 저축률을 목표로 세워도 좋다.

저축 목표를 세울 때 '저축률의 함정'을 주의해야 한다. 높은 목표를 달성할수록 성취감에 빠지게 되는데 잘못하면 수치 자체에 매몰될 수 있다. 저축률을 관리하는 이유는 장기적으로 원하는 금액의 재산을 모으기 위함이다. 잠깐 바짝 절약하다 쉽게 포기하는 사람보다 현실적인 절약 수준을 꾸준히 이어가는 사람이 결과적으로 더 많은 재산을 모으게 된다. 결국 중요한 것은 절약하는 습관을 만들어 장기적으로 꾸준히 모아가는 것이라는 사실을 잊지 말아야 한다.

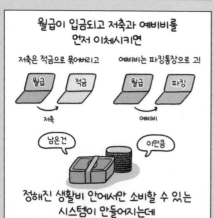

게다가 한 개의 통장에서 모든 월급을 관리하면

항목마다 지출하고 남은 돈이 얼마인지
파악하는 것이 어려운데

이름이 붙은 통장에서 목적에 맞는 지출을 하면

현금흐름을 한눈에 파악할 수 있어
지출 관리가 더 쉬워집니다!

이때 절대 해서는 안 되는 한 가지가 있는데요

여러분 우리 잊지 말아요!

지름신을 퇴치하는 '통장'이라는 부적

예산을 세우고 돈을 아껴 쓰면 절약에 성공하고 바로 돈이 모이기 시작할 줄 알았다. 그런데 습관의 힘은 위대했다. 돈을 쓰는 관성이 몸에 밸 대로 배어 소비를 통제하는 게 너무도 어려웠다. '내 의지로 막을 수 없다면 시스템적으로 막을 순 없을까' 고민했고 통장을 쪼개기로 했다.

통장 쪼개기란 용도별로 여러 통장을 만들어 관리하는 것을 의미한다. 이는 월급의 순환 체계를 만들어 통장의 자물쇠 역할을 해주기 때문에 지출 통제에 유용하다.

만약 하나의 통장에서 생활비, 저축, 비상금 등 모든 지출을 관리한다면 항목마다 지출한 금액이 얼마인지, 남은 돈은 얼마인지 파악하기 어려워진다. 반면 목적에 맞는 통장을 만들어 이름을 붙여주면, 입출금 내역 관리가 훨씬 쉽고, 해당 통장에서만 돈을 사용하기 때문에 초과지출이 발생하지 않도록 자제하게 된다.

통장을 쪼개는 방식은 사람마다 다르지만 나는 월급, 생활비, 저축(투자), 예비비 네 가지로 나누고 예비비는 비상금, 경조사비, 여행적금 세 가지로 다시 한 번 나눴다.

사실 처음에는 통장을 쪼개기만 하면 저절로 절약이 되는 줄 알았다. 하지만 몇 달 해보니 통장만 쪼갠다고 되는 게 아니라 '흐름'이 필요함을 발견했다.

1) 월급날, 통장에 급여 입금

월급날이 되면 급여가 월급 통장에 입금된다. 월급 통장은 순전히 급여를 입금받는 용도로만 사용된다. 월급이 들어오면서 순환체계가 돌아가기 시작한다.

2) 저축 통장에 저축액 이체하기

앞서 계획한 저축 금액만큼 월급 통장에서 저축(투자) 통장으로 이체한다. 적금을 들고 있다면 적금 통장으로, 주식 혹은 펀드에 별도로 투자하고 있다면 해당 증권계좌로 이체한다. 주식 투자의 경우 예수금으로 갖고 있다가 원하는 시점에 투자하면 된다.

3) 예비비 각 통장에 이체하기

다음으로 예비비(비상금, 경조사비, 여행적금)도 각 통장으로 이체한다. 비상금은 500만 원을 기준으로 일정 수준을 유지하려고 노력했다. 경조사비와 여행적금은 행사가 있건 없건 동일 금액을 꾸준히 입금하고 이벤트가 있을 때마다 사용했다.

4) 생활비 통장에 비상금 이체하기

남은 금액을 생활비 통장으로 이체해서 생활비로 사용한다. 급여 통장을 그대로 생활비 통장으로 사용하는 것보다 별도로 생활비 통장을 마련하는 쪽이 지출 관리에 훨씬 용이하다. 그 이유는 급여와 생활비를 하나의 통장에서 운영할 경우, 중간에 경비 지급이나 상여금 등이 들어오면 수입과 생활비가 뒤섞여 관리가 어려워지기 때문이다.

5) 남은 생활비 저축 통장으로 이체하기

제한된 예산 안에서 생활하면 처음에는 돈이 한 푼도 남지 않을 가능성이 높다. 하지만 절약하는 생활을 지속하다 보면 자연스럽게 지출을 더 줄이는 노하우를 터득하게 되고, 어느 순간 생활비가 남기 시작할 것이다. 이때 남은 생활비는 다시 저축 통장으로 옮겨 저축률을 높여주면 된다. 계속해서 생활비가 남는다면 저축률 자체를 높이도록 하자.

6) 통장 쪼개기 순환체계 다시 시작

한 달 동안 절약하며 열심히 살다 보면 다음달 월급이 다시 입금된다. 이런 사이클로 월급을 관리하다 보니 저축과 예비비를 먼저 확보한 후 남은 금액으로 생활하는 데 익숙해졌고 자연스럽게 '선저축 후지출' 구조를 갖추게 되었다.

인생에서 비상금을 써야 할 때 🏛️

통장 쪼개기를 통해 급여를 관리하기 시작하자 차곡차곡 돈이 모이기 시작했다. 저축 통장은 말할 것도 없고, 다른 통장들에도 돈이 쌓여가며 성과가 눈에 보이기 시작했다. 특히 가장 보람찼던 것은 바로 비상금이었다. 언제든 사용할 수 있는 돈이 통장에 두둑이 쌓여 있다는 사실이 마음에 안정을 찾아주었기 때문이다.

그런데 바로 이 비상금 통장에서 문제가 발생했다. 비상금을 '언제든 쓸 수 있는 돈'이라고 여기다 보니 자꾸 야금야금 꺼내 쓰기 시작한 것이다. 충동적으로 사고 싶은 물건이 생겼을 때나 카드값이 아슬아슬하게 예산을 넘어갈 때 자연스럽게 비상금으로 손이 갔다.

비상금은 적게는 월급만큼, 많게는 월급의 세 배까지 모아두어야 한다고 하는데 자꾸 빼서 쓰다 보니 일정 수준 이상 모이지 않게 됐다. 늘어나지 않는 비상금 통장을 보면서 위기감이 들었다.

'이러다 다시 예전의 소비귀신으로 돌아가는 거 아냐?'

비상금 사용에 기준이 필요했다. 그래서 '지금 이 비상금을 사용하지 않으면 인생에 큰일이 나는 경우'에만 사용한다는 기준을 세웠다. 목돈이 나가야 하는 경우에만 비상금 통장을 연다는 의미다. 예를 들어, 실직 상태가 되어 일정 기간 생활 자금이 필요할 때, 갑작스러운 질병이나 부상으로 생계가 막막할 때, 부모님 병원비로 목돈을 지출해야 할 때 등이 있다.

비상금은 엄격한 기준을 두고 철저히 지켜야 의미가 있다. 그렇지 않고 사고 싶은 물건이 생기거나 카드값을 막아야 할 때 습관적으로 활용한다면 결과적으로 소비를 줄이려던 목표를 이룰 수 없게 된다. 비상금 통장은 '찐'비상사태를 대비하여 아껴두도록 하자.

소비 충동이 획기적으로 줄어드는 질문 🏛️

아무리 열심히 아껴도 순간순간 지출 욕구가 올라오거나 지출이 불가피한 상황이 찾아온다. 처음에는 무조건 참자는 마인드로 꽁꽁 무장했다. 가방이나 화장품을 사고 싶을 때마다 사지 않아도 되는 이유를 열심히 찾았고 이는 꽤 효과적이었다. 그러나 소비 욕구를 무작정 누르면서 작은 지출 하나까지 엄격하게 검열하다 보니 어느 순간 자괴감이 고개를 들었다. '평생 지금처럼 절약하며 살 수 있을까?'

전자기기는 언제든 고장 나기 마련이고, 옷도 시간이 지나면 결국 해진다. 소비가 필수라면 현명하게 지출하는 게 무작정 참는 것보다 현실적일 것이라는 생각이 들었다. 그래서 차라리 기준을 세우고 현명하게 소비를 해보자는 결론을 내렸다. 이를 위해 지출

전 다음 네 가지 질문을 스스로에게 던지는 습관을 들였고 이를 통해 불필요한 지출을 획기적으로 줄일 수 있었다.

1) 꼭 필요한 지출인가?

이 지출이 필요한 지출인지 아닌지 따져보는 시간이 필요하다. 가장 중요한 것은 '자기 자신에게 솔직해지는 것'이다. 지출 전 이 소비가 필요한 세 가지 이상의 합리적인 사유를 찾아보는 시간을 가졌다.

2) 꼭 필요한 사유가 감정적이지 않은가?

만약 꼭 필요하다는 결론이 나면 그 사유가 혹 감정적 합리화는 아닌지 확인해보아야 한다. 소비 욕구를 자극하는 대표적 감정으로 질투심이 있다. 직장 동료가 명품가방을 구매했다고 가정해보자. 각종 사유를 들어 나도 명품가방을 사야겠다고 결심할 수 있다. 그러나 정직하게 돌아볼 때 다른 사유는 명분일 뿐이고 실제로는 질투심에서 비롯된 욕구라면, 가방을 내려놓고 감정부터 다스려야 충동적 소비를 막을 수 있다. 이 외에도 당장의 기분이 좋지 않아 주문하는 배달음식, 야근한 내 처지가 어울해 사용하는 택시비, 당장 눈에 보이는 옷을 사야만 해결될 것 같은 물욕 등의 감정 소비를 구분해낼 수 있어야만 한다.

3) 대체할 수 있는 무언가를 찾을 수 없는가?

다음으로 갖고 있는 물건 중 대체품은 없는지 확인한다. 주변을 정리정돈 하다 보면 사려고 했던 물건을 이미 가지고 있는 경우가 대부분이다. 다만 가지고 있는지 스스로 인지하지 못하는 경우가 훨씬 많다. 대체품을 잘 찾기 위해서는 평소에 내가 어떤 것을 가지고 있는지 미리 파악하고 있는 것이 중요하다. 물건을 일단 사서 쌓아 놓기보다는 한눈에 있는 것을 파악할 수 있을 정도로만 소비하는 것이 훨씬 합리적이다. 입을 옷이 없다고 느껴 쇼핑하고 싶을 때 옷장 정리부터 한다면 막상 사려던 옷이 옷장 구석에 숨어 있는 걸 발견하게 될 것이다.

4) 선택할 수 있는 대안 중 가장 합리적인가?

세 가지 질문을 모두 거치고도 지출의 필요성이 분명하다면 조금이라도 저렴하게 구매할 방편을 찾아보아야 한다. 절약을 하기 전에는 우선 백화점이나 마트로 향해 대뜸 카드를 긁었다. 그러나 생각보다 우리가 물건을 저렴하게 살 수 있는 경로는 다양하다. 대표적인 경우가 바로 중고거래이다. 중고나라나 당근마켓에 내가 원하는 물건과 함께 '미개봉'이라는 키워드로 검색을 하면 한번 뜯지도 않은 물건이 주르륵 올라와 있는 것을 쉽게 볼 수 있다. 이벤트를 통해 받은 경품이나 이미 있는 물건을 다시 선물 받은 경우가 대부분이다. 나 또한 업무를 위해 맥북을 구매해야 했을 때 당근마켓 미개봉 상품을 활용했고 실제로 공식 매장보다 30% 이

상 저렴하게 구매했다. 또는 할인 이벤트를 폭풍 검색하다 보면
예상치 못하게 저렴한 무언가를 건지게 되는 경우가 많다. 따라서
백화점이나 공식 매장보다는 중고거래 사이트나 할인 커뮤니티를
적극 활용하도록 하자.

무작정 따라하면 돈이 따라온다! 가계부 매직 🪙

어느 정도 자산관리의 기틀이 잡히자 지금의 소비 패턴을 꾸준히 유지하기 위해서는 소비 욕구를 제어해줄 장치가 필요하다는 생각이 들었다. 이에 선택한 것이 가계부였다. 가계부로 자금 흐름의 통제권을 쥘 수 있다. 처음에는 단순히 가계부를 '기록'하는 데 집중했다. 가계부를 쓰는 것만으로도 소비 욕구를 관리하는 데 효과적이었다. 매일 저녁 하루의 소비를 돌아보고 지출 내역을 적어 내려가다 보면 자연스레 반성과 성찰이 이루어지기 때문이다. 그러나 몇 달 반복해서 쓰다 보니 단순히 기록하는 것만으로는 부족하다는 사실을 깨달았다. 지출을 통제하는 데는 효과적일지 몰라도 자산을 관리하기 위해서는 보다 체계적인 접근이 필요했다. 고민 끝에 다음 다섯 단계를 거치며 나만의 가계부 흐름과 체계를 만들었다.

1) 가계부 항목 정하기

가계부 항목을 어떻게 설정했는지에 따라 결과가 다르게 나타난다. 핵심은 '적당히 자세히 적는 것'이다. 예를 들어 마트에서 바디워시, 삼겹살, 초코바, 과일을 구매했다고 가정해보자. 만약 기준을 정하지 않고 모든 항목을 일렬로 나열하거나 구분 없이 한 줄로 기록한다면 아래와 같이 작성될 것이다.

(예1)

구분	금액
바디워시	8,000원
삼겹살	10,000원
초코바	1,000원
과일	9,000원

(예2)

구분	금액
마트	28,000원

예1)의 경우 모든 항목을 단순히 나열하다 보니 분석 불가능한 지출 일기가 된다는 문제점이 있고, 예2)처럼 작성할 경우 나중에 결산 시 이 지출이 어떤 지출인지 알 수 없다는 한계가 있다. 이 두 가지 한계를 극복하기 위해 항목을 대분류와 중분류로 나누어 기록했다.

구분	고정비						변동비				
대분류	주거비	생활	보험/연금	예비비	회비	기타	주거비	식비	생활비	여가비	비용
중분류	월세	구독료	종합보험	여행적금	가족회의	기부금	가스비	식재료	생필품	문화비	세금
	관리비	부모님용돈	종신연금	놀이적금	데이트비용		수도세	외식비	교통비	교육비	대출이자
		통신비	개인보험	비상금				간식비		건강	
				경조사비						모임비	

비용의 성격에 따라 1차로 대분류를 나누고, 세부 기준을 2차 중분류로 나누었다. 그리고 지출이 발생할 때마다 중분류 밑에 상세내역을 기재했다. 이 기준으로 가계부를 작성하자 결산 시 한 달의 지출 현황을 분석하는 데 큰 도움이 되었다.

2) 가계부 시작일 정하기

직장인의 월급날은 보통 10일 혹은 20일 이후로 나누어진다. 그런데 시중에 판매되는 가계부는 보통 1일부터 말일을 기준으로 작성하게 돼 있다. 언제를 기준으로 가계부를 작성해야 할까? 무조건 1일부터 말일까지를 기준으로 작성할 것을 추천한다. 만약 가계부 주기가 월 중간에 시작한다면 지난달이나 다음달 지출 내역이 뒤섞이면서 순수 당월 자금 흐름을 파악하기 어렵기 때문이다.

이를 위해 생활비, 저축, 카드 결제일 등 모든 흐름을 1일을 기준으로 흘러가도록 조정했다. 아무래도 월급날이 1일이 아닌 이상 1일 기준의 흐름을 만드는 것이 어려울 수 있다. 이런 분들을 위해 월급 주기를 운영하는 방법을 소개하고자 한다.

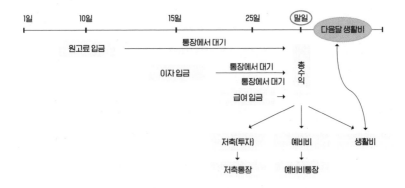

위의 그림과 같이 월급이나 다른 수입이 통장으로 입금되면 월말이 될 때까지 통장에서 대기시킨다. 그리고 월말이 되었을 때 총수익을 합산한 후 저축(투자), 예비비 통장으로 각각 해당 금액을 이체한다. 그리고 미리 계산해둔 한 달 생활비 예산을 생활비 통장으로 이체해 다음달 생활비로 사용한다. 이렇게 하면 실제 월급의 주기 및 흐름과 관계없이 1일에 월급이 입금되는 것과 같은 효과를 얻을 수 있다.

이런 흐름을 만들기 위해 반드시 기억해야 하는 한 가지 사실은 바로 '지난달 수입으로 이달을 생활한다!'는 것이다. 예산을 미리 세우고 그에 맞는 지출이 이루어져야 과소비를 막을 수 있다.

지난달 수입을 기준으로 가용 예산을 편성, 지출 계획을 세우는 과정이 필요하다.

3) 예산 배분하기

가계부 항목과 작성 루틴을 정했다면 이번엔 항목별로 예산을 배분해줄 차례다. 예산을 배분하기에 앞서 지출 일정부터 확인한다. 예상 밖의 지출을 맞닥뜨리면 절약 의지가 꺾이기 십상이므로 가급적 예측 가능한 지출은 사전에 파악하여 대비하는 것이 좋다. 이를 위해 연간 경조사 일정을 미리 체크하자. 사실 대부분의 연간 경조사(부모님 생신, 명절, 친구들 생일, 결혼식 등)는 미리 알 수 있다. 따라서 대략적인 연간 경조사비를 정리하고 매월 지출 예정인 금액을 1차로 계산해두면 예상치 못한 지출을 막을 수 있다.

월간 지출 일정도 체크해야 한다. 월 구독료, 신용카드 대금, 연회비 등이 갑자기 빠져나가지 않게 하기 위함이다. 이번 달에 정기적으로 혹은 일시적으로 추가 지출이 예상된다면 월초에 미리 정리하고, 해당 금액을 제외한 후 남은 금액을 가지고 예산을 편성해야 한다.

지출 일정을 점검했다면 이제 실제 생활비를 예산에 배분해준다. 처음 예산을 배분하려고 하면 막막할 수 있다. 돈을 어디에 쓰고 있는지 정확하게 알지 못하기 때문이다. 이때 참고해야 할 것은 앞서 정리한 3개월치 과거 지출 내역이다. 이 내역을 참고해 지출 우선순위에 맞추어 한 달 동안 지출할 금액을 고루 배분해주면 된다.

4) 가계부 작성하기

예산을 배분했다는 것은 이제 자산 관리의 기본이 세팅되었다는 것을 의미한다. 이제 월 중에 소비와 수입이 발생하면 가계부를 작성할 차례이다. 이 파트에서는 내가 지난 1년 6개월의 시간 동안 가계부를 꾸준히 작성하면서 어렵다고 생각했던 부분들을 함께 공유해보고자 한다.

│ 가계부는 어디에 쓰는 게 가장 효율적인가?

가계부를 작성하는 방법은 크게 세 가지가 있다. 수기, 어플, 엑셀. 수기 가계부는 가계부 양식의 수첩 등에 수입과 지출 내역을 정리하는 것이다. 다이어리나 일기 작성을 선호하는 분들이 주로 선택하는 방법이다. 아무래도 매일 수기로 적어야 하다 보니 다른 수단에 비해 반성 효과가 뛰어나다는 장점이 있다. 반면, 직접 손으로 써야 하기 때문에 지치기 쉽고 통계 내기가 어렵다는 단점이 있다.

시중에 나와 있는 어플 가계부를 활용하는 방식도 있다. 실시간으로 지출 내역을 입력할 수 있기 때문에 가계부 작성이 밀릴

가능성이 낮다는 장점이 있다. 개인적으로 '위플'과 '편한가계부'를 추천한다. 나 역시 초반에는 어플 가계부를 즐겨 사용했는데 꾸준히 쓰다 보니 내 입맛에 맞는 통계를 볼 수 없다는 점이 답답하게 느껴졌다. 그래서 선택한 것이 엑셀 가계부다.

엑셀 가계부는 엑셀로 직접 가계부 양식을 만들어 사용하는 방법이다. 엑셀 가계부의 장점은 직접 양식을 만들 수 있기 때문에 나에게 최적화된 구성이 가능하다는 점이다. 단점은 아이패드 혹은 노트북 등의 전자기기를 활용해야 하므로 실시간 접근이 어렵고 엑셀이 익숙하지 않다면 활용성이 떨어진다는 점이다.

나는 1차로 어플 혹은 수기 가계부에 작성하고 1~2주에 한 번씩 엑셀에 옮겨 적는 방법을 사용하고 있다. 아무래도 컴퓨터를 매일 켜지는 않기 때문에 접근이 용이한 어플 혹은 수기 가계부에 먼저 작성하고 엑셀로 옮긴다. 소비는 매일 이루어지므로 한번 밀리기 시작하면 가계부를 포기하게 될 가능성이 높다. 따라서 잊지 말고 매일 저녁 지출을 기록하는 습관을 들이자.

| 신용카드 대금은 지출로 기록해야 하는가?

가계부를 쓰다 보면 카드를 쓰는 시점에 이미 지출을 기록했는데 카드 대금이 빠져나갈 때도 다시 기록해야 하나 싶은 고민이 들 수 있다. 이에 대한 명쾌한 해답을 제시하고자 한다.

우리는 앞서 가계부 주기를 설정하며 모든 생활비 흐름을 1일 기준으로 흘러가도록 세팅했다. 여기서 중요한 점은 앞서 계산한 한 달 생활비에 카드 사용 금액까지 포함시키는 것이다. 평소에는 카드 사용 내역을 가계부에 꾸준히 기록하며 월초에 계획한 생활비 금액 안에서만 소비하도록 노력한다. 그리고 월말에 카드 대금이 확정되면 미리 준비해둔 카드 생활비로 즉시 결제한다.

이 구조의 가장 큰 장점은 바로 '쓸 돈을 미리 마련해두고 쓰는 구조'라는 것이다. 일반적으로 신용카드 사용을 지양하는 가장 큰 이유는 지출 통제가 어렵기 때문이다. 그런데 이렇게 계획해둔 금액 안에서만 카드를 사용하는 구조를 만든다면 과소비를 예방할 수 있게 된다.

| 지역화폐는 어떤 기준으로 작성해야 하는가?

지역화폐는 해당 지역에서만 통용되는 전자화폐로, 지역 상권을 살리려는 목적으로 운영된다. 지역화폐 사용을 활성화하기 위해 충전 시 추가 적립이나 페이백 같은 혜택을 제공한다. 여러 혜택을 제공하기 때문에 절약러들이 애용하는 결제수단이지만 막상 가계부에 기록하려고 하면 현금도 카드도 아니기 때문에 어떻게 기록해야 할지 고민된다.

이에 선택한 방법은 지역화폐를 별도의 결제 수단이자 자산의 한 종류로 보고 가계부를 작성하는 것이다. 구체적으로 어떻게 작성해야 하는지 살펴보도록 하자.

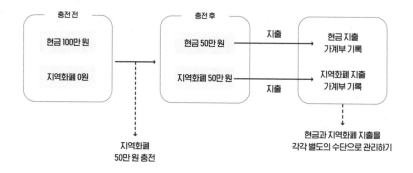

위의 그림처럼 지역화폐를 50만 원 충전하는 순간 현금 자산 50만 원을 지역화폐로 이동시켰다. 이때 추가충전의 혜택이 있다면 해당 금액을 반영하여 지역화폐 자산으로 기록한다. 그리고 지출이 발생하는 경우 각각의 결제수단으로 구분하여 기록하고 결산도 별도로 진행했다. 이렇게 하면 지역화폐를 위해 빠져나간 현

금 금액과 지역화폐 사용 내역 및 잔액 등을 정확하게 관리할 수 있게 된다.

ㅣ 상품권, 포인트는 어떤 기준으로 기록해야 하는가?

절약러들에게 상품권/포인트 할인은 필수라고 할 수 있다. 이때 포인트도 자산의 일부로 보고 가계부를 써야 할지 고민될 때가 종종 있다. 사람마다 기준이 다르겠지만 나는 포인트 및 상품권 사용은 별다른 기록을 하지 않고 있다. 포인트는 10원 혹은 1원 단위로 발생하는 경우도 많은데 이것까지 전부 기록하다 보면 가계부 작성 자체가 부담으로 다가올 수 있기 때문이다. 따라서 포인트를 사용한 경우에는 그냥 할인받은 내역으로 간주하고 실제로 내가 사용한 금액만 지출로 기록하고 있다.

단, 포인트 보유 금액이 비교적 큰 경우, 예를 들어 복지포인트로 100~200만 원 이상의 포인트를 받은 경우에는 자산에 준하는 수준이기 때문에 자산에 포함시키지는 않지만 별도로 기록해 사용 내역을 관리하고 있다.

5] 결산하기

한 달 동안 열심히 소비하고 기록했다면 이제 결산할 차례다. 결산은 가계부의 꽃이다. 한 달 동안 번 돈과 쓴 돈을 결산하여 개선할 부분을 찾아야 돈 관리에 있어 성장할 수 있기 때문이다. 결산은 크게 수입/지출 결산, 현금흐름 결산, 자산 현황 점검 세 가지 분야로 나뉜다.

| 수입/지출 결산

한 달 동안 발생한 수입과 지출을 항목 기준에 맞추어 통계 내 준다. 이때 단순히 통계를 내는 것보다 중요한 것은 예산보다 초 과지출한 항목은 무엇인지, 절약을 잘한 항목은 무엇인지 살펴보 는 것이다. 특히 초과지출한 경우에는 예산을 잘못 짰는지 아니면 지출 관리에 문제가 있었는지 판단한 후 다음달 계획에 반영하면 좋다. 예산 안에서 잘 소비했더라도 더 줄일 수 있는 부분은 없는 지, 낭비나 과소비는 없었는지 점검해볼 필요가 있다.

수입과 지출을 결산할 때 '자책하지 않는 자세'가 중요하다. 특 히 절약 초기라면 내가 줄일 수 있는 지출이 얼마인지 정확히 알 지 못하기 때문에 과잉 의욕에 예산을 빠듯하게 잡아서 초과 지 출이 발생할 가능성이 높다. 절약은 하루이틀에 끝날 일이 아니 다. 이번엔 예산을 넘겨서 소비했더라도 잘 피드백해서 계획을 세 운다면 성장으로 이어지게 될 것이다. 당장 눈에 보이는 저축률이 만족스럽지 않다고 하더라도 포기하지 않고 꾸준히 지속해야 성 공할 수 있다.

| 현금흐름 결산

지출 결산을 했다면 이번엔 투자/저축 등 현금흐름을 정리해야 한다. 앞서 우리는 총수입을 통장에서 대기시키다 월말에 정리하기로 했다. 따라서 월말에는 한 달 동안 모아온 수익 통장을 열어 계획된 투자와 저축을 실행해야 한다. 투자, 저축, 예비비 등을 이체하고 나면 저축률을 확인할 수 있다.

저축률= (저축+투자)/총수입

현금흐름을 점검하면서 이달의 저축률을 계산해보는 시간을 가져보도록 하자.

| 자산 현황 점검

가계부 작성의 가장 마지막 단계는 자산 현황 점검하기이다. 모든 수입, 지출, 투자, 예비비 등의 내역을 정리했다면 현재 내 자산이 얼마인지도 함께 정리하자. 현재 자산을 점검하며 앞으로 목표한 금액까지의 여정을 예상하고 동기부여하는 시간을 갖는다면 돈 모으기가 보다 재밌고 보람차게 느껴질 것이다.

직장인 한 달 식비 80% 줄이는 꿀팁

~SALE~
식비 ~DOWN~
80%

지출을 줄이겠다고 마음먹고 예산을 짤 때
제일 현타가 오는 부분은 아무래도...

소고기 먹고 싶어...

한우로 납...

어... 엉...

오

식비라고 생각합니다

그래서 이번엔 조금 덜 서럽게
먹고 싶은 것을 먹으면서

솔직히 다 먹고살자고 하는 건데...

먹고 싶은 것도 못 먹으면 세상 서럽다고요...

~울먹~

~서럽서럽~ ~울먹~

식비를 줄여간 과정을 전달해보려고 합니다

식비를 아끼겠다고 마음먹고 제일 먼저 한 것은
바로 회사에 도시락을 싸가는 것이었습니다

밖에서 밥 먹고 커피 마시면
만원 쓰는 거 우습지...!

한 푼이라도 아껴보자...!!

도시락 싸서 회사 가는 변곤

뚜벅뚜벅

도시락 가방!

뚜벅뚜벅

근데 문제는 아침에 도시락 쌀 시간이
너무너무 부족하다는 것...

좌아아아

씻을 시간도 부족한데...

~바쁘다 바빠 현대사회~

도시락 쌀 시간이 어딨냐고...!!

꽝꽝꽝

꽝꽝꽝

휴지 사는 덴 벌벌 떨면서
파스타는 태연히 먹었다

가계부를 쓰다 보니 한 가지 소비 항목이 눈길을 사로잡았다. 식비였다. 처음 지출 내역을 정리했을 때 식비 지출 금액은 무려 150만 원이었다. 당시 월수입이 350만 원이었으므로 식비가 수입의 43%를 차지했던 것이다. 식비 비중이 높은 것은 사실이지만 '먹고 죽은 귀신이 때깔도 좋다는데…? 다 먹고살자고 하는 건데…?' 라는 생각에 식비만큼은 줄이고 싶지 않았다. 당시 엄청 비싼 음식을 즐기던 것도 아니고, 점심은 회사 근처에서 사 먹고 일주일에 한두 번 저녁에 배달음식 먹는 정도였다. 가끔 친구들을 만나 밥 먹는 것이 사치의 전부였다. 남들 쓰는 만큼만 쓴다고 생각했기에 어디서 줄여야 할지 감이 안 왔고 줄이고 싶지도 않았다. 먹는 건 잘 먹어야 한다고 합리화하며 식비 줄이기를 미루었다.

그러던 어느 날 유튜브에서 고민상담 컨텐츠를 보고 있는데 사연자가 식비에 대한 고민을 털어놨다. "다른 지출은 다 줄이겠는데 식비는 못 줄이겠어요."

사연자는 1인 가구인데도 매달 100만 원 이상을 식비로 지출하며, 먹고 싶은 것도 못 먹는 삶이라면 차라리 돈 모으기를 포기하겠다고 했다. 영상 보는 내내 솔루션보다는 사연자에게 감정 이입됐다. 영상이 끝나고 댓글을 보는데 한 댓글이 눈에 들어왔다.

'식비도 결국 소비입니다. 감당 가능한 범위 안에서 먹어야 해요. 먹는 데는 돈을 써도 된다는 합리화에서 벗어나야 합니다.'

사실 한 달 월급 중 40% 이상을 식비에 소비하는 것은 확실히 절약과는 거리가 먼 소비 패턴이었다. 그럼에도 "이건 먹는 거니까 괜찮아!" "잘 먹어야 힘이 나지!"라며 과소비를 멈추지 않았다. 클렌징 티슈 한 통 사는 것은 벌벌 떨면서 15,000원짜리 파스타 한 그릇은 아무렇지 않게 먹었다. 잘 먹는 것은 물론 중요하지만 매일 비싼 음식을 사 먹는 것이 잘 먹는 것을 의미하지는 않는다. 굳이 비싼 음식을 사 먹지 않아도 얼마든지 잘 먹고 잘 살 수 있다는 마인드로 식비 줄이기에 박차를 가했다.

가장 먼저 시도한 것은 '도시락 싸기'다. 개인적으로 회사에서 밥을 먹으면 아무리 맛있는 음식도 그다지 맛있지 않다. 똑같은 음식도 회사에서 먹으면 입맛이 떨어진다. 그래서 차라리 그 돈을 아껴서 먹고 싶은 음식을 한 번 더 먹기로 했다. '도시락 팸(패밀리)' 만들기가 효과적이었다. 고등학생 때 활용했던 방법이다. 당시 급식실에서 밥 먹는 시간조차 아까워 도시락을 들고 다녔다. 야간 자율학습까지 하려면 점심, 저녁 두 끼를 싸야 했는데 양이 많아 아침마다 싸서 들고 다니기 번거로웠다. 그래서 마음 맞는 친구들과 도시락 팸을 만들어 밥은 각자 가져오고 한 사람 당 한 개씩 반찬을 준비해 점심에 나눠 먹곤 했다.

회사에서도 도시락 팸을 만들고 싶었지만 함께할 직장 동료를 구하는 것이 만만치 않았다. 함께 도시락을 먹자고 하면 "그냥 사먹어. 돈 벌잖아, 밥값이 얼마나 한다고." "대단하다, 근데 나는 못해." 등 대체로 부정적인 반응이었다. 결국 혼자 도시락을 싸야 하는 상황이 되었다. 그러나 직장인에게 아침 일찍 출근하면서 도시락까지 싸기란 여간 어려운 일이 아니다. 처음에는 샐러드(양상추, 닭가슴살)만 급히 싸서 다녔지만 익숙해지다 보니 제법 그럴듯한 도시락이 나왔다. 이번에는 도시락 싸기 노하우를 공유해보려고 한다.

직장인 도시락 빠르고 맛있게 싸는 방법

1) 마른 반찬 활용하기

주말에 한 번 왕창 만들어두면 일주일 버티기 완전 가능!

진미채 볶음

견과류 멸치볶음

콩자반

벤꾸리 도시락 반찬 3대장!!

지글

휘휘~ 지글

2) 전날 저녁 먹기 전에 미리 덜어두기

특히 부대찌개, 오징어볶음 같은 일품요리는 담날 데워서 통에 부어가면 끝이라 왕편행!

~지글지글~

보글보글~

3) 레토르트 식품 활용하기

아침에 여유 있으면 계란후라이 한 개 고고!

즉석커리! 데워서 밥에 부어 먹기!

냉동볶음밥 먹기 전에 렌지에 데우기!

벤꾸리 최애 도시락메뉴 종류별로 쟁여놓고 먹는 편

4) 회사에 조미김 세 봉씩 쟁여두고 반찬으로 꺼내 먹기

솔직히 조미김은 맛이 없을 수 없잖아요?

사실 컵라면도 가져다 놓고 국물 땡길 때 한 개씩 꺼내 먹어요

가성비 좋은 조미김 잔뜩 사다두면 쟁!

5) 마지막 핵심!
   전날 밤 미리 도시락통에 담아두기!

미리미리 싸두면 다음 날이 편해요!

내일 맛있게 먹어야지~

슉~   슉~

6) 그래도 어렵다면? 다이어트 도시락

저는 닭가슴살이랑 다이어트 도시락 류는
저렴한 사이트에서 왕창 시켜놓고 먹습니당~

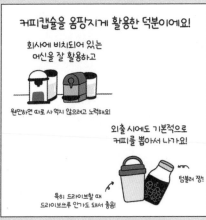

평소에 모아두었던 네이버 포인트로 사먹으면
이게 또 은근 쏠쏠하더라고요!

저는 더치커피 중 ㅐ이나 2ㅐ 구매해서
얼음 타서 마시는 걸 좋아합니다!

그럼에도 불구하고 커피를
꼭 사 먹어야 하는 순간이 생길 텐데요!!
(특히 친구들 만날 때!!!!)

이럴 때 저는 기프티콘을 최대한 활용합니다!

기 프 티 콘

기프티콘으로 결제할게요

당근마켓이나 중고나라에서 사거나
기프티콘을 저렴하게 살 수 있는 어플이

"니콘내콘"   "팔라고"   "기프티스타"   "일상카페"

한번 이용해보시는 것을 추천드려요!!
(정가보다 10~30% 저렴하게 구매하기 가능!)

기프티콘도 못 사는 상황이라면
종종 저가 브랜드를 이용하곤 해요!

이렇게 하면 정말
커피값을 반토막 낼 수 있어요!

커피값 줄이기 화이팅!

티끌 모아 태산된 커피값, 뿌셔뿌셔! 🏛

도시락으로 식비를 줄이기 시작하자 덩달아 아까워지기 시작한 비용이 있는데 바로 '커피값'이다. 직장인에게 카페인은 영혼의 동반자 아니겠는가. 나도 소문난 커피 중독자로 출근 직후, 점심 식사 후, 오후 졸릴 때 하루 세 잔은 거뜬히 마셨다. 가끔 부족하거나 퇴근 후 약속 있을 때는 한두 잔 더 마셨다.

문제는 이 많은 커피를 전부 근처 카페에서 사 먹다 보니 커피 지출이 만만치 않았다는 것이다. 사실 키피 한 잔 값이 크다는 생각을 못 했다. 내 월급이 얼만데 4,500원짜리 커피 한 잔 못 마시나 하는 생각에 죄책감 없이 카페를 드나들었다. 문제는 4,500원짜리 커피를 하루 세 번씩(최대 다섯 번까지) 매일 마시다 보니 한 달 30일 기준 40만 5,000원, 커피값만 월급의 10%를 넘기게 된 것이다. 티끌 모아 태산이라고 태산같이 불어난 커피값을 보며 기필코 줄이고 말겠다 다짐했다.

회사에 구비된 캡슐커피부터 활용했다. 당시 재직 중이던 회사에는 캡슐커피가 늘 준비되어 있었지만 커피 맛이 별로라며 굳이 외부 카페를 이용했었다. 생각해보면 내가 커피 맛에 그렇게 예민한 것도 아니었다. 커피를 사 마시는 행위 자체가 주는 만족감에 취해 있었던 것 같다. 출근길 커피 한 잔 테이크아웃해서 회사로 향하고, 점심 먹고 동료들과 벤치에서 커피를 마시는 커리어우먼의 이미지가 좋았던 것이다. 카페인만 섭취하면 충분했는데 말이다.

카페인이 필요할 때 카페로 달려가는 습관을 버리고 나니 또 어떤 대체품이 있는지 찾아보게 됐다. 인스턴트 커피나 드립백 커피가 눈에 들어왔다. 대용량으로 구매하면 개당 500원꼴이었는데 카페에서 파는 커피에 결코 뒤지지 않았다. 좀 더 그럴듯하게 마시고 싶을 때는 편의점 커피를 애용했다. 900원이면 아메리카노 한 잔을 마실 수 있으니, 앱테크로 모아둔 네이버 포인트나 엘포인트, 하나머니 등을 적극 활용했다. 친구들이랑 카페를 갈 때는 요즘 많이 생긴 저가 브랜드 카페를 가서 1,500원에 아메리카노를 즐겼다. 한 번씩 '그' 브랜드 커피가 너무 마시고 싶을 때나 사람들이랑 자연스레 프렌차이즈 커피전문점으로 이동할 때는 중고 기프티콘 앱을 활용했다. '팔라고' '기프티스타' 같은 어플을 사용하면 정가의 10~20% 저렴한 가격에 기프티콘을 살 수 있다. 기프티콘이 중고인 것일 뿐 커피 품질에는 하자가 없으니 걱정하지 말고 적극 활용할 것을 추천한다. 이렇게 커피값을 지혜롭게 줄이다 보니 한 달 커피값을 40만 원에서 3만 원 내외까지 줄일 수 있었다.

커피값까지 애써 줄이는 모습을 보며 비판하는 사람들도 있다. "고작 4,500원인데?" "커피 한 잔 마음대로 못 마시나?" 여기서 또 한 가지 중요한 것은 지금 내가 아낀 4,500원이 '고작' 4,500원에서 끝나지 않는다는 것이다.

커피값을 아끼다 보면 택시를 타고 싶을 때, 군것질하고 싶을 때, 계획에 없던 사소한 지출들을 하려고 할 때 이런 생각을 하게 된다. '절약한다고 커피값도 아꼈는데 이렇게 쉽게 돈 쓰는 게 맞아?' 지출에 대한 통제력이 올라가는 것이다. 나는 이 4,500원이 쌓이고 쌓여 45만 원이 되고 450만 원이 되는 경험을 했다. 지금 아낀 당신의 커피값 4,500원이 분명 큰 자산으로 되돌아올 것이라고 확신한다.

식비 아끼고 싶은 사람 배달음식 잠깐 멈춰!

식비 절약을 위해 다음으로 줄인 것은 바로 배달음식입니다

솔직히 배달음식 자주 먹으면 식비 줄이기가 정말 힘든데요!

오늘은 이 이유에 대해 이야기해 보도록 하겠습니다

첫 번째 이유는

워야.. 왜 저번에 가서 먹은 거랑 가격이 달라..?

배달 어플 보는 중!

배달해서 먹는 음식의 가격이 다른 경우가 꽤나 많기 때문입니다

배달 어플 가격은 현장보다 1~2000원 높거나

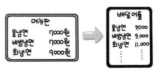

전화로 주문하고 포장하면 할인을 해주는 경우가

은근 많더라고요...?!!

두 번째 이유는 최소주문금액의 함정인데요!

엥? 아메리카노 두 잔이면 되는데

배달시키려면 천 원이 모자르잖아..?

대부분의 최소주문 금액이 1~2인분 +2인 경우가 많아서 꼭 2~3000원씩 모자름!

어쩔 수 없지!! 딸기케이크까지 먹는 수밖에!!

맛있겠다!!

꼭 계획에 없던 사이드를 시키게 되더라고요

마지막으로는 배달비..!
예전에는 대부분이 1~2000원 사이였는데

요새는 심하면 6~7000원이 넘는 경우가
은근 많습니다

으악_넘 비싸..

절레

절레

＃6~7000원으로 할 수 있는 것
· 서브웨이 햄콤보
· 연금복권/로또
· 10,000원 이하 주식 1주
· 우리할매 떡볶이 + 어묵튀김
· 컴포즈 아메 4잔

이러저러한 금액을 더해보면 총 금액은
원래 지출하려던 금액의 1.2~1.5배나 되는 것

두우둥

1.5배

빠아밤

엄마야...

째어어억

그치만 가끔은 배달음식이 땡길때가 있잖아요?

그럴때는 직접 포장 픽업을 가거나

나는야 셀프 쿠팡잇츠~

빨리 집에 가서 떡볶이 먹어야지

한달에 한 번 정도는
타협을 하기도 합니다!

안씻어서 나가기 싫다궤

맛있어 흑흑_

하필이면 배달 떡볶이와
소울메이트였던 나 🏛️

유튜브에 '식비 아끼기'를 검색하면 '배달음식' 얘기가 상위에 노출된다. 나도 식비 절약을 위해 점심값과 커피값 다음으로 배달음식을 줄였다. 사실 처음부터 배달음식을 즐겨 먹지는 않았다. 요리가 취미라서 소소하게 해 먹는 집밥을 더 좋아했다. 그런데 배달 떡볶이가 등장하면서부터 내 배달음식 인생도 크게 달라졌다. 떡볶이는 내게 소울메이트 같은 음식이다. 회사에서 스트레스 받거나 마음이 답답할 때, 분노가 치밀어 오를 때는 매운 떡볶이로 힐링하곤 했다. 그렇게 주 1회 이상 떡볶이를 배달시켜 먹다 보니 처참하게 불어난 배달비가 눈앞에 닥쳐와 있었다.

배달음식이 절약에 해로운 이유 중 하나는 배달비 때문이다. 어렸을 때만 해도 음식을 시키면 무료로 배달해줬기 때문에 배달비에 대한 개념이 없었다. 그런데 어느 순간 배달 플랫폼이 등장하면서 배달비도 눈에 들어왔다. 서비스 초기에는 점유율 경쟁을 위해 무료로 배달해줬지만 시간이 지나고 물가도 오르면서 배달비도 차츰 인상됐다. 1,000~2,000원에서 시작해서 3,000~4,000원대로 올라가더니 많게는 6,000원까지 육박하기도 했다. 15,000원 배달음식 먹으려고 6,000원을 배달비로 써야 한다니!

사실 많은 사람들이 배달비가 비싸고 아깝다는 생각은 하지만 집에서 편하게 먹을 수 있다는 이유로 포기하지 못한다. 하지만 배달음식에는 배달비 외에도 두 가지 함정이 더 숨어 있다. 먼저 음식 가격이 다르다. 배달로 주문하는 가격과 매장에서 주문하는 가격이 다른 경우가 많다. 자영업자 입장에서 배달은 배달 수수료 등의 비용이 추가로 발생하기 때문에 어플 상의 음식 가격을 더 높게 책정하곤 한다. 또 어플과 매장의 가격이 같더라도 먹고 가거나 포장하는 경우 할인해주는 방식으로 가격에 차이를 두기도 한다. 결국 배달시켜 먹는 쪽이 매장에서 먹거나 포장할 때보다 어떤 식으로든 더 지출하게 되는 것이다.

두 번째는 최소주문금액의 함정이다. 배달 어플을 보면 일정 금액 이상 주문하는 경우에만 배달 서비스를 이용할 수 있도록 최소주문금액을 정해두는데, 문제는 이 금액이 보통 1~2인분보다 살짝 높은 경우가 많다는 것이다. 음식을 적당히 장바구니에 담았는데 애매하게 1,000~2,000원이 모자라면 어쩔 수 없이 계획에 없던 추가 주문을 하게 되면서 과소비로 이어진다.

결국 배달비와 조금 더 높은 가격, 최소주문비용까지 더하면 원래 지출하려던 금액의 1.2~1.5배의 금액을 지출하게 된다. 단순히 배달비만 더 내면 되는 게 아니라는 사실을 깨닫고 나니 배달음식을 자연스럽게 멀리하게 됐다. 절약을 방해하는 큰 장애물로 느껴졌기 때문이다. 한 번씩 배달음식이 너무 먹고 싶을 때는 욕구를 억누르기보다 한 달에 한 번 정도 죄책감 없이 배달음식을 즐기는 것으로 스스로에게 보상을 주었다. 대신 집에서 만들어 먹을 수 없는 음식 위주로 주문하고 배달보다는 포장을 이용해서 최대한 비용을 줄였다. 원하는 것을 마음껏 먹지 못한다고 생각하니 속상할 때도 있었지만 지금의 절제가 미래에 더 큰 가치로 돌아올 것을 믿으며 인내하니 그런대로 참을 만했다.

할인기간이 알고 보면 함정인 이유

> 함정카드 발동!

흥...

길을 가다 보면 쉽게 발견할 수 있는 풍경은

♥○○○가게

할인행사 50%
OPEN

> 역대급 할인 행사~ 구경하고 가세요!!!

> 오.. 저기 할인행사 하네?! 50%나 할인을 한다고?!

바로 할인 관련 안내판!

그런데 말입니다...

♥○○○가게♥

할인행사 50%
OPEN

> 역대급 할인행사~ 구경하고 가세요!!!

> 솔직히 저는 할인 기간을 아주 잘 이용하는 편은 아닙니다...

오늘은 제가 할인을 스킵하는 이유를 알려드립죠

사실 할인할 때 이것저것 사면 좋긴 한데...

> 와악 대박! 아이라이너 다 떨어졌는데 50% 할인! 개이득이군~~~

문제는 필요하지 않은 물건도 할인한다는 것!

> 뭐야 마스카라도 할인하잖아?!

> 일단 새! 일단 새!

결결결결결결...

이노무 행사는 매달 돌아오고...

♥○○○가게♥

할인행사 50%
OPEN

> 50% 할인행사 합니다~

> 저번달에도 할인했던 것 같은데 이번달에도 또 하네?!

절약 중에도 올XX영 세일기간은 어김없이 돌아온다 🗑

길을 가다 보면 쉽게 보이고 들리는 문구가 있다. '올해의 마지막 세일' '역대 최대 행사!' 바로 행사 관련 홍보 문구들. 과거의 나는 마케팅의 유혹을 뿌리치지 못하는(정확히 말하면 유혹을 뿌리치지 않는) 소비자 중 한 명이었다. 특히 올리브영과 랄라블라 같은 화장품 매장은 '세일'자만 붙어 있어도 그냥 지나치지 못했는데 일단 들어가면 아이섀도우나 립스틱 같은 것들이 50% 이상 세일할 때가 많았고, 저렴한 가격에 뿌듯해하며 양손 가득 물건을 들고 나오는 것이 소소한 취미이자 돈 쓰는 재미였다.

절약을 시작한 후에도 여느 때와 같이 올리브영 세일기간은 돌아왔고, 발길은 자연스레 매장으로 향했다. 그래도 절약 중이니 5,000원짜리 립스틱 딱 하나만 사기로 스스로와 약속하고 안으로 들어갔다. 한참 원하는 색을 찾기 위해 매장 곳곳에서 테스트를 해보며 즐거운 시간을 보냈고 제품을 골라 계산대로 발걸음을 옮겼다. 막상 계산을 하려는데 놀라운 사실을 발견했다. 립스틱 한 개만 사려고 했던 내 다짐과 달리 바구니에 담겨 있던 물건의 가격이 무려 2만 원이 넘어간 것이다.

립스틱을 고르러 매장을 돌아다니는 동안 또 다른 세일 제품들이 눈을 사로잡았고, 그 유혹을 참지 못한 채 바구니에 담아 계산대까지 와버렸다. 매장에 제품을 DP(디스플레이)하는 것이 정말 중요한 일이라는 사실을 새삼 깨달은 순간이었다. 물건을 골랐으니 일단 계산을 하고 나오는데 이런 생각이 들었다.

'할인의 함정에 빠졌구나!'

내가 사려고 한 건 립스틱 하나였는데, "할인하는 김에"를 외치며 당장 필요하지도 않은 물건까지 잔뜩 사서 나온 것. 이것이야말로 할인의 함정이 틀림없다는 생각이 들었다.

사실 또 다른 할인의 함정이 한 가지가 더 있는데 그것은 바로 대량구매이다. 마트에서 쉽게 볼 수 있는 1+1 혹은 2+1이 좋은 예다. 대량구매를 하다 보면 개당 단가가 이전보다 낮아지므로 조금이라도 더 저렴하게 사는 느낌을 받을 때가 많다. 하지만 이것이야말로 함정이다. 이러한 묶음 제품을 사게 되면 필요 이상의 양을 무리해서 사게 되는 경우가 발생하고, 이러한 소비가 쌓이면 결국 한 달 생활비 예산을 초과하게 된다. 식품의 경우에는 유통기한이 짧아 기껏 구매한 것을 먹지 못하고 버리는 경우도 종종 발생한다. 문제는 이런 할인행사나 1+1, 2+1 등의 묶음할인은 매달 돌아오고, 달마다 할인 제품을 구매하다 보면 결국 불필요한 과소비로 이어지게 된다는 점이다.

이를 통해 '조금 비싸더라도 필요한 때 필요한 만큼만 사는 것이 결론적으로 총 소비를 줄여준다'는 것을 깨달았다. 실제로 독립생활을 이어가는 동안에도 조금 비싸더라도 1인 가구용 소포장 식재료를 사는 것이 대량구매를 하는 것보다 훨씬 절약에 도움이 되었다. 할인이라고 해서 무조건 구매하다 보면 결국 소비는 증가한다는 점을 잊지 말자.

한 달 생활비 60% 줄인 방법 공유해요

생활비를 줄여주는 생활습관

생활비 구조를 아무리 잘 셋팅해놔도 실질적으로 절약하지 않으면 소용이 없는 법!

그래서 오늘은 생활비 줄이기에 도움되는 알짜 생활습관을 공유해보려고 합니다!

2+1

1. 대량구매 하지 않기

필요할 때 필요한 만큼만 사는 게 오히려 절약에 도움이 됩니다 대량구매는 과소비의 주범이 되곤 합니다!

혼자 사는데 이거 다 먹을 수 있나...?

필요한 만큼만 살까?

2+1

2. 물건 사기 전 방 정리 하기

방 정리를 하고 나면 있는지 몰랐던 물건을 발견하기도 하고 사려던 물건의 대체품을 찾아내기도 합니다

내일 옷 사러 가기 전 방정리부터 해볼까나

이런 옷이 있었다니! 어마어마하군!

3. 외식보다는 집밥, 배달보다는 포장!

식비를 줄여야 생활비가 훅 줄어든다는 것 아시죠? 가급적이면 집밥을 이용하고 배달을 지양해봐요!

나는야 집밥변선생

셀프 쿠팡잇츠 좋아요!

4. 장보기 전 냉장고 확인하기

장보기 전 냉장고를 확인하지 않으면 있는 재료를 또 사게 될 가능성이 매우 높아요!

이미 있는 재료를 확인하고 꿀조합 할 수 있는 NEW재료로 장을 보면 아주 좋습니다!?

5. 일주일치 식단표 미리 짜두기

6. 무이자 할부 금지

무이자 할부 역시 과소비의 주범
내 돈으로 살 수 없는 것은 내 것이 아님을 잊지 말아요

여기까지 생활비를 줄이는 여러가지 꿀팁을
전달해보았습니다

겨울 코트 쇼핑하기 전에 꼭! 보세요 🗑️

절약을 시작하고 맞이한 첫 겨울. 날씨가 추워지자 적당한 코트 한 벌 마련해야겠다는 생각이 들었다. 없는 예산을 쥐어짜야 하는 상황이라서 최저가를 찾아 인터넷을 샅샅이 뒤졌다. 저렴한 베이지색 숏코트 하나를 장바구니에 담아 결제하려는 순간 뭔가 꺼림칙한 느낌이 들었다. 그 느낌의 원인은 외출을 위해 무심코 옷장 문을 연 순간 확인할 수 있었다.

연한 베이지색 코로듀이 털자켓, 연한 베이지색 숏코트, 진한 베이지색 숏코트, 갈색에 가까운 베이지색 모직자켓. 이 네 가지 옷은 당시 내 옷장에 자리 잡고 있던 겨울 외투들이었다. 매년 겨울맞이로 새 외투를 구매했고, 그 결과 비슷한 색상, 비슷한 디자인의 옷이 이미 한가득 있었던 것이다. 이 광경을 본 순간 다른 물건들도 비슷한 처지이지 않을까 싶어서 방 대청소를 했다. 방 안에서는 역시나 사용한 적도 없는 비슷한 물건들이 한 무더기씩 나왔다.

가장 심각한 것은 화장품이었다. 당시 내 소소한 취미는 화장품 세일기간에 물건을 쟁여두는 것이었다. 올리브영 같은 로드숍에 방문하면 아이섀도우나 립스틱을 5,000원 이하 저렴한 금액으로 구매할 수 있었다. 금액이 크지 않다 보니 하나 사는 데 부담이 없어 한 번 갈 때마다 장바구니를 가득 채우곤 했다. 게다가 매 시즌마다 새롭게 선보이는 신상들이 어찌나 예쁘던지 나중에 다 쓸 거니까 저렴할 때 사두자는 마인드로 세일할 때마다 화장품을 잔뜩 샀다. 그렇게 서랍장에 고이 모셔둔 화장품들이 방 정리를 하면서 다시 발굴된 것이다.

옷장을 열었을 때와 같은 감정이 다시 올라왔다. 나는 웜톤 피부니까 '웜'이라는 글씨만 보면 일단 구매하고 봤고, 그러다 보니 가지고 있는 섀도우, 립스틱 색깔이 90% 이상 비슷했다. 게다가 거의 절반은 유통기한이 지나 있었고 나머지도 대부분 유통기한이 임박해 있었다. 옷과 화장품뿐만 아니라 카메라, 책, 가방 등 모든 물건이 비슷한 처지였다.

물건을 정리하면서 '없는 것을 새로 사기보다 있는 것을 잘 활용하기가 더 중요하다'는 사실이 뼈저리게 다가왔다. 내 취향과 필요는 항상 비슷하기 때문에 사고 싶은 물건은 이미 가지고 있을 확률이 높다. 단지 방 어딘가에 숨어 있을 뿐. 이후로는 주기적으로 방 청소하며 무엇을 가지고 있는지 부지런히 점검하고, 특히 쇼핑하기 전에는 더욱 꼼꼼히 살펴본다. 혹시 방에 물건이 많은데 또 새로운 물건을 사야 할 것 같은 기분이 든다면 시간을 내서 방 정리부터 해보자. 분명 까맣게 잊고 있던 물건들이 여기저기서 쏟아져 나올 것이다.

아끼기 최종 보스, "고정비"에 도전해보자 🏛

절약에도 레벨이 있다. 가장 쉬운 1단계, 사치비용 줄이기. 명품가방, 꾸밈비(화장품, 옷 등), 전자기기 등에 소비하던 비용을 줄이는 것이 가장 쉬운 1단계이다. 있어도 그만 없어도 그만이기 때문에 갑자기 줄인다고 해도 삶에 큰 타격이 없다. 그다음 2단계는 사치비용 외 변동비 줄이기. 식비, 생필품비 등 필요하긴 하지만 어느 정도 줄일 수 있는 비용이 2단계에 해당한다. 없앨 수는 없지만 줄일 수 있는 규모가 상대적으로 커서 절약에 효과적이라는 장점이 있다. 마지막으로 대망의 3단계, 고정비 줄이기! 매달 고정적으로 나가는 비용인 고정비는 대부분 필수적으로 소비해야만 하는 항목이기 때문에 프로 절약러들 사이에서도 줄이기 어려운 항목으로 꼽힌다. 어느 정도 절약의 생활화에 성공하고 보니 변동비를 넘어 고정비까지 줄이고 싶다는 욕심이 생겼고 네 가지 항목에 대해 과감한 예산 삭감에 돌입했다.

1) 통신비 점검하기

절약 이전의 나는 '얼리어답터'라는 자부심이 있었다. 핸드폰이 멀쩡한데도 새로운 기종이 나오면 주저 없이 바꿨다. 그리고 당연하게도(?) 선택한 결제방식은 '할부'였다. 사실 할부로 구매했다는 사실을 정확히 인지하지도 못하고 있었다. 대리점에서는 매월 납부해야 하는 금액만 알려주었기 때문이다. "3년 약정 하면 6개월 동안은 9만 원씩 내시면 되고요. 그 이후로는 요금제 줄여서 이용하시면 돼요." 그 말에 넘어가 덜컥 3년 약정을 맺었고 그마저도 중간에 요금제를 바꾸지 않아 매월 9만 원 이상을 통신비로 지출했다. 통신비를 결코 줄일 수 없는 고정비로 인식하며 자세히 살펴보지도 않고 지내온 것이다.

그러던 어느 날 무심코 통신비 청구 내역을 보면서 기기값을 3년 할부로 납부 중이라는 사실을 발견했다. 게다가 놀랍게도 기기값 이자로 매달 5.9%의 추가금액이 꼬박꼬박 청구되고 있었다. 당시 기계값이 150만 원을 훌쩍 넘었는데 이에 대해 3년간 낸 이자를 계산하니 아찔했다. 곧장 핸드폰 기기값부터 갚았다. 그리고 요금제도 비싼 요금제를 포기하고 알뜰폰으로 바꿨다. 똑같이 전화, 문자, 인터넷을 무제한으로 사용할 수 있는데도 요금은 일반 통신사의 반값도 하지 않았다. 이렇게 기기값을 갚고 요금제를 바꾸고 나니 통신비만 한 달에 무려 6만 원을 아낄 수 있었다.

2) 대출 갚아 이자 줄이기

직장인이 되고 처음 마이너스 통장을 만든 것은 2020년 초였다. 직장 선배들도, 동기들도 하나같이 "직장인이라면 마이너스 통장 하나쯤은 만들어야지!" 하고 말하곤 했다. 금리는 계속 떨어지는데 마이너스 통장 하나 없는 게 왠지 뒤처지는 것 같아서 나도 마이너스 통장을 개설했다. 당시 대출 금리는 2.5%로 2023년 하반기인 지금으로서는 상상하기 힘든 저금리였다. 막상 만들기는 했는데 사용할 곳이 마땅치 않아서 보유만 하고 있었다. 그리고 1년이 지나 대출을 연장하러 은행에 찾아갔다가 청천벽력 같은 소식을 듣게 됐다. "고객님 신용도가 많이 떨어지셔서 금리가 많이 올랐어요! 4.5%까지 해드릴 수 있을 것 같아요!"

2.5%에서 4.5%로 올린다고? 지금이야 금리가 상승하는 중이지만 저 당시에는 저금리 기조가 탄탄하게 유지되던 시기였다. 그런데도 금리가 두 배 가까이 오르다니 납득이 안 됐다. 은행의 설명은 "고객님 2금융권 대출이 있어서 그래요. 캐피탈 대출은 받는 순간 신용도가 왕창 떨어져요." 2금융권 대출이라니?! 어떻게 된 일인지 알고 보니 작년에 부모님 차를 사드릴 때 아무 생각 없이 결제했던 자동차 할부금이 캐피탈에 해당했던 것이다. 게다가 금리

는 무려 13%였다(대출받을 때는 **원리금 균등상환***이라서 사실상 6.9% 금리라고 안내 받았다). 이런 고금리 대출을 받았으니 신용도가 멀쩡할리가 있나! 당장 갚지 않는 이상 단기간에 신용도가 올라가는 것은 불가능하다고 했다. 곧장 예금을 해지해서 고금리 대출부터 갚았고 이후로 다시는 대출과 할부의 세계에 발을 들이지 않았다. 그리고 원금과 이자로 나가던 돈을 적금으로 돌리니 돈이 빠른 속도로 쌓였다. 혹시 자신도 모르게 이용하고 있는 고금리 대출이 있다면 과감하게 갚아서 이자 비용을 줄이도록 하자.

3) 보험료 점검하기

직장에 취업하고 그동안 엄마가 내주던 보험료도 직접 부담하게 됐다. 내가 매달 납부해야 하는 보험료는 18만 원이었다. 월급에 비해 절대적으로 큰 금액은 맞는데 보장의 측면에서 많은지 적은지 감이 오지 않았다. 그렇게 4년 동안 별생각 없이 보험료를 납부해왔는데 절약을 시작하고 나니 보험료 고정비가 큰 골칫덩어리로 다가왔다. '이 돈만 줄이면 한 달 저축률이 얼마나 올라가는데!' 해지하고 싶은 충동이 차올랐지만 보험에 무지한 상태로 결정하기는 어려웠다. 다 해지했는데 갑자기 아프면 어떡하나 불안감도 몰려왔다.

---

* 원금과 이자를 매달 같은 금액만큼 갚아가는 방식이다. 상환할수록 대출원금이 줄어들게 되므로 이자도 점차 줄어든다.

이때 '보험 리모델링'에 대해 알게 됐다. 보험 리모델링이란, 기존에 가입한 보험의 납입 금액과 보장 혜택 등을 종합적으로 검토해서 불필요하거나 과도한 부분은 해지하고 부족한 보장을 추가하는 것을 의미한다. 그런데 막상 리모델링 하려니 왠지 나에게 유리한 것은 해지하라 하고 보험사에 유리한 상품은 권유할 것 같아서 불안했다. 그래서 여러 보험 설계사 분들께 동시에 상담받아 보기로 했다. 그분들이 공통적으로 말한 부분만 참고하는 방식으로 보험의 적정성을 검토했다.

그 결과 추가로 가입하거나 해지하지 않고 기존 상품을 유지하기로 했다. 상품 자체가 워낙 튼튼했고 건강을 고려할 때 현재의 상품을 유지하는 쪽이 더 유리하다는 데에 보험 설계사 분들의 의견이 대체로 일치했기 때문이다. 반면 같이 상담받은 친구들은 보장은 약하면서 보험료는 높은 상품에 가입한 경우가 생각보다 많았다. 그 친구들은 보험 해지 등의 방법으로 고정비를 크게 절감할 수 있었다.

4) 구독 서비스 해지하기

어느 날 핸드폰에 알람이 연이어 울렸다. 구독 서비스 결제 알람이었다. 넷플릭스, 각종 유료 프로그램 등 평소에 생각 없이 이용하던 유료 서비스들이었다. 사실 매월 구독료가 나가고 있음은 알고 있었지만 정확히 언제, 얼마가 나가는지는 파악하지 못하고 있었다. 가계부에 결제 내역을 옮겨 적으면서 한 달 총 구독료가 얼마나 되나 궁금해졌다. 왓챠, 티빙, 넷플릭스 같은 OTT 서비스를 비롯해 각종 쇼핑 서비스, 언제 마지막으로 사용했는지 기억도 안 나는 디자인 툴 등 한두 개가 아니었다. 비용을 정리해보니 매달 구독비로 10만 원 넘게 지출하고 있었다.

구독 서비스에 가입하기는 매우 쉽다. 많은 서비스가 '한 달 무료 이용권' 같은 혜택을 통해 서비스에 가입해볼 것을 유혹하기 때문이다. 한 달만 쓰고 해지하면 된다는 생각에 경계심이 느슨해지기 마련이다. 게다가 구독료는 대부분 만 원 이하라서 큰 부담이 되는 것도 아니니 자연스럽게 지갑이 열리게 된다. '커피 한 잔 값이면 이용할 수 있는데? 무료로 한 달만 이용해볼까?' 그렇게 구독료의 함정에 빠지게 된다. 막상 서비스를 신청하고 나면 해지하는 것을 잊어버리고 다달이 자동결제로 납부하게 될 가능성이 높다. 적은 금액일지라도 한 건 두 건 쌓이기 시작하면 어느새 큰돈으로 불어난다. 현재 구독하고 있는 서비스 중 자주 애용하는 것과 불필요한 것을 구분해서 사용하지 않는 서비스들은 당장 정리하도록 하자.

돈도 모으고 연애도 할 땐 이렇게 한번 해보세요

뚱꾸리 씨와 6년째 연애 중인 나

밥 먹고
영화 보고
이번달 예산이 얼마더라...
카페 가면

십만 원이 넘어가잖아...?!

돈을 모으다 보면 자연스레
데이트 비용이 부담될 수 밖에 없는데요

데이트를 할 때마다
예산을 지켜야 한다는 강박에

인색하고 옹졸해지는 내가

이런 분들에게 추천합니다! 바로 데이트 통장~

저와 뚱꾸리 씨는 5년 연애 중
3년 넘게 데이트 통장을 사용했습니다!

데이트 통장♡

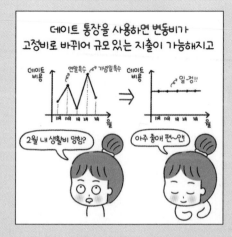

데이트 통장을 사용하면 변동비가
고정비로 바뀌어 규모 있는 지출이 가능해지고

정해진 데이트비용 안에서
예산을 짜 지출하기 때문에

다음달에 바다보러 갈거니까
이번달은 좀 아낄까?

다음달에 자기 생일도 있어
아끼는게 좋을 듯

예산

기념일같은 큰 지출에 미리 대비할 수 있습니다

연애하면서 돈에 쪼들리지 않는 법 🏛️

6년째 연애 중인 남자친구가 있다. 신입사원 시절 친구 소개로 만나서 안정적으로 만나고 있는 우리는 연애 초기부터 데이트 통장을 사용했다. 처음에는 적당히 한 명이 밥을 사면 다른 사람이 후식을 사는 방식으로 비용을 분담했다. 그런데 데이트 한 번에 10만 원 이상 소요될 만큼 비용이 만만치 않다 보니 사회초년생들에게 부담으로 다가왔다. 그렇다고 비용 문제로 눈치를 주거나 인색한 사람이 되고 싶지는 않았다. 고민 끝에 데이트 통장을 제안했고 남자친구도 흔쾌히 동의해서 데이트 통장을 만들었다.

데이트 통장을 사용하면서 누가 비용을 낼지 눈치 보지 않게 됐다. 매월 입금하는 데이트 비용이 일정했기 때문에 예산 관리도 용이해졌다. 사용하고 남은 금액을 저축하면서 생일이나 기념

일처럼 평소보다 지출이 늘어나는 상황에도 대비할 수 있었다. 그런데 시간이 지나면서 문제점도 드러났다. 내 돈이 아니라는 생각 때문인지 씀씀이가 점점 늘어난 것이다.

처음에는 한 달 예산 안에서 쓰면서 큰 문제는 없었다. 그러다 생활비 씀씀이가 늘어나자 데이트 비용도 덩달아 급증했다. 예전에는 김밥에 라면만 먹어도 행복했는데 이제는 고급 와인바를 가거나 비싼 공연을 봐야 만족스러웠다. 데이트 카드를 긁을 때는 개인 카드를 긁을 때보다 죄책감이 적었기 때문에 거리낌 없이 긁었다. 데이트 비용이 급증하면서 머지않아 데이트 통장도 바닥을 드러냈다. 정해진 예산 안에서 절약하며 연애하자는 취지로 만든 데이트 통장이었지만 언젠가부터 돈이 떨어지면 추가로 입금하고 다시 과잉지출하는 악순환이 반복됐다.

또 다른 문제는 선물 비용이었다. 처음 연애할 때는 벨트나 목걸이처럼 그렇게 부담되지 않는 물건들을 선물로 주고받았다. 그런데 친구들이 선물로 명품 받았다는 얘기를 들으면서 괜히 우리의 선물이 초라해 보였다. 선물의 가격이 사랑의 크기를 증명한다는 생각에 선물 가격을 조금씩 늘리면서 데이트 비용 외에도 큰돈이 계속해서 나가게 됐다. 돈 모으기를 시작한 이후 한 달 생활비로 30만 원을 지출하면서 선물로 몇십만 원을 지출하는 게 맞는 건가 싶었다. 데이트 비용도 생활비처럼 체계적으로 관리해야겠다는 생각이 들었다.

생일이나 기념일 등 이벤트가 있는 달에는 다른 항목에서 지출을 아끼는 방식으로 최대한 추가 입금을 예방했다. 월말에는 함께 지출 내역을 살펴보며 피드백을 주고받았다. 지출에 대한 가치관 차이도 좁히고 미래의 생활 모습도 그려보는 좋은 시간이었다. 선물도 다른 사람이랑 비교하지 않고 서로 부담되지 않는 선에서 주고받기로 했다.

데이트 통장을 사용한다고 하면 비난이나 조롱을 받기도 한다. 상대에게 최대한 계산 없이 받는 연애가 행복한 연애라고 믿는 사람들에게 데이트 통장은 바보 같아 보일지 모른다. 그러나 더 큰 행복은 함께 미래를 만들어가는 데 있다고 생각한다. 데이트 통장은 지출 규모를 관리하는 데 유용할 뿐 아니라 연인과 함께 경제 문제를 고민할 수 있다는 장점이 있다. 돈 관리를 같이 해본 경험이 있었기 때문에 남자친구와 미래를 준비하면서 돈 문제로 인한 갈등을 줄일 수 있었다. 앞으로의 가정 경제도 잘 꾸려나갈 수 있겠다는 자신감도 얻었다. 연애 중인 분이 있다면 데이트 통장을 적극 권하고 싶다.

명품백이 눈에 아른거리던 날 든 생각

나는 명품과는 거리가 먼 어린 시절을 보냈다. 늘 검소한 생활을 이어갔던 어머니는 신혼 시절 아버지로부터 선물 받은 56만 원짜리 미니백이 55년 인생 명품의 전부였다. 친하게 지내던 친구들도 검소했기 때문에 명품에 욕심낼 일이 없었다. 명품이란 사치의 정점이자 다가가서는 안 되는 무언가라는 인식이 강했고 명품 구매를 잘못된 행위로 생각했었다. 대학생 때까지 내 인생에서 명품은 영원히! 절대! 없을 것이라고 생각했다.

입사 이후 생각이 바뀌었다. 회사생활을 시작하자 명품이 자주 눈에 들어왔다. 사람들은 잡지에서만 보던 루이비통, 구찌, 생로랑 가방을 아무렇지 않게 들고 다녔고, 몽클레어나 버버리 옷을 멋지게 걸치고 나타났다. 처음에는 그 모습이 금기를 범한 사람 같아서 거리감을 느꼈다. 그러나 어느 순간 비싼 물건을 들고 입는 그 분들의 모습이 멋있어 보였다. 마냥 검소하기만 했던 친구들의 씀 씀이도 변하면서 내 마음도 흔들렸다. 하루는 명품 스카프를 메고 오는가 하면 하루는 들고 다니던 카드지갑이 바뀌었다. 소소하게 시작한 그들의 명품 입문은 점차 옷과 가방으로 영역을 넓혀갔 다. 여전히 아무것도 갖추지 못한 내 모습이 초라하게 느껴졌다. 직장인으로서 품격을 갖추려면 명품 하나쯤은 들고 다녀야 하는 구나 생각했다.

당시 내 월급은 250만 원 정도였기에 300만 원짜리 가방을 거 리낌 없이 사기에는 턱없이 부족했다. 하지만 어른의 대열에 합류 하고 싶은 마음 앞에 주머니 사정은 더 이상 문제 되지 않았다. 오 매불망 가방만 기다리던 내게 드디어 기회가 왔다. 성과급이 들어 온 것이다! 재직하던 회사는 매년 1~2월에 성과급이 지급됐는데 딱 명품백 하나 살 만큼의 돈이 입금됐다. 마침 가방 가격이 곧 오 른다는 소식도 들렸기에 지금이 기회라는 확신 속에서 처음으로 명품가방을 질렀다. 문제는 성과급으로 명품을 사는 것이 하나의 습관으로 자리 잡으면서 매년 성과급으로 명품을 사게 됐다는 것 이다.

2022년 1월. 여느 때와 같이 성과급이 들어왔고 내 발걸음은 익숙하게 명품관으로 향했다. 절약하는 삶을 살겠다고 다짐했지만 1년 중 가장 행복한 이 순간을 놓칠 수 없었다. 여러 매장을 돌아보며 신상 가방들을 들어보고 가장 마음에 드는 제품을 구매하려는 순간 이런 생각이 머릿속을 스쳤다. '이 가방을 사려면 몇 개월을 저축해야 하지?' 당시 한 달 저축 금액이 150만 원 정도였는데 내가 고른 가방은 450만 원이 넘었다. 무려 세 달을 꼬박 저축해야 모을 수 있는 돈이었다. 아무리 성과급이라지만 이걸 사는 게 맞나 싶었다.

마음에 물음표가 있긴 했지만 그래도 1년에 한 번뿐인 나를 위한 선물 타임이니 일단 지르자고 마음먹고 열심히 가방을 메보던 와중, 문득 이런 생각이 들었다.

'내 상황과 환경은 그대로인데 비싼 가방을 멘다고 내가 다른 사람이 되는 건가?'

명품백을 들 때마다 내가 느끼는 감정 중 가장 큰 것은 어딘가 다른 멋진 사람이 되었다는 뿌듯함이다. 그런데 사실 비싼 가방을 멘다고 내가 다른 사람이 되는 것은 전혀 아니다. 그저 이제 막 대출의 늪에서 벗어난 사회초년생이었고, 여전히 절약을 통해 돈을 모아야 하는 파워 절약러에 불과했다. 이런 내가 명품백을 들고 있는 모습이란, 속 빈 강정과 다를 것이 없었다.

동시에 가치를 따져봤다. 450만 원을 모으려면 3개월을 성실히 근무해야 한다. 식당 대신 도시락을, 카페 대신 인스턴트 커피를, 택시 대신 대중교통을 선택해야 한다. 땀 흘려 벌고 아득바득 절약하는 데 몇 개월이 걸려도 지르는 데는 1분이면 충분했다. 명품가방을 하나 더 들고 다니는 만족감이 세 달치 노동을 대체할수 있을까? 답은 'NO'였다. 내 소득 수준으로는 명품을 사 모으기가 한참 이르다는 생각이 들어서 가방을 내려놓고 미련 없이 발걸음을 돌렸다.

그 후로 비싼 물건을 사고 싶을 때는 가치를 저축액으로 환산해보는 연습을 한다. 몇 달을 모아야 살 수 있는지 계산해보면 욕심도 쉽게 내려놓을 수 있다. 예쁜 가방을 사고 싶은 마음은 누구에게나 있는 자연스러운 욕구이고, 경제적 여유가 돼서 명품을 사는 사람을 비난할 이유는 없다. 다만 경제적 자유를 얻지 못한 상태에서 소득에 비해 과도한 소비를 이어간다면 악순환에 빠지게된다. 꾸준히 저축해서 경제적 자유에 이를 때까지 조금 더 인내하며 검소하게 지내는 게 나는 더 좋아 보인다.

절약하는 사람들에 대한 편견이 있습니다

바로 돈을 절대 안 쓰는
자린고비일 것이라는 편견!

그런데 사실..
절약하는 사람들도 쓸 돈은 쓰고 한답니다?!

다만 예산 안에서 현명하게 소비할 뿐이죠

물론 절약을 시작하는 처음에는
쓸 거 쓰면서 아낀다는 생각이 안 들거예요.

한 달에 200만 원 이상 소비하던 금액을
단숨에 N만 원대로 줄인다는 것은

낙타가 바늘구멍으로 들어가는 것만큼
어려운 일이기 때문이죠!

그치만 제가 자신있게 말씀드릴 수 있는 것은

절약하는 습관이 몸에 배고
돈이 모이기 시작할 때

작은 목돈이 만들어진 작은 통장을 발견하면

그보다 보람차고 뿌듯한 일은
없을거에요!

그리고 작은 목돈이 모여 큰돈이 되는 것은

그러니 우리 지치지 말고

벤꾸리와 친구들 모두모두 화이팅이에요!!

절약 요요를 벗어나는 비결 🏛

절약을 시작하고도 한동안은 주위에 절약한다는 사실을 밝히지 않았다. 일반적으로 절약하는 사람들은 '자린고비'라는 편견이 있기 때문이다. 앞으로 커피는 자제하고 점심은 도시락을 먹겠다고 말했을 때, 친구와 동료들로부터 '짠순이' 소리를 들으며 돈은 쓰라고 있는 것이라는 핀잔을 심심찮게 들었다. 돈 모으기를 지지하는 반응은 기대하기 어려웠고 절약 의지를 흔드는 '조언'들만 잔뜩 돌아왔다. 내가 절약하고 있다는 사실을 아는 친구들은 "돈 모으는데 친구 만나도 돼?" "너 돈 모아야 하니까 싼 거 먹을까?"(배려가 아니라 분명한 놀림이었다) 같은 조롱조의 농담을 던지곤 했다.

절약을 하려면 돈을 아예 안 써야 한다는 생각에 지레 겁부터 먹는 경우가 많다. 이것은 사실이 아니다. 정상적인 일상생활에 지출은 필수적이다. 회사에서 점심을 먹고, 회의하며 커피를 마시고, 퇴근길에 대중교통을 타는 등 지출은 피할 수 없다. 극단적인 절약보다는 쓸 돈은 쓰는 현명한 소비를 추구할 뿐이다.

물론 처음 절약을 시작할 땐 쓸 돈도 못 쓴다는 생각이 든다. 당장 옷이 사고 싶고, 여행이 가고 싶고, 비싼 맛집에 가고 싶은데 이것들을 포기해야 하기 때문이다. 하고 싶은 것을 다 하면서 돈을 모으기란 낙타가 바늘구멍으로 들어가는 것만큼 어려운 일이다. 하지만 일단 절약하는 습관이 몸에 배면 의식하지 않아도 자연스레 절약하게 된다. 더 줄일 수 있는 것, 조금 더 써도 되는 것들이 눈에 보이게 되고, 머지않아 돈이 모이기 시작하며 보람이 찾아온다. 저축에 따른 보람이 다시 저축 의지를 강화하는 선순환이 이루어진다면 저축액이 빠르게 불어나면서 어느새 목돈 마련에 성공한 자신을 발견하게 될 것이다.

사람의 습관은 쉽게 바뀌지 않는다. 머리로 아는 것과 몸으로 실천하는 것은 전혀 다른 문제다. 당연한 이야기지만 돈을 쓰는 것이 모으는 것보다 100배는 더 재밌다. 절약을 오래 유지하는 비결은 단기 목표를 세우고 약간의 보상을 허락하는 것이다.

나는 두 가지 보상책을 마련했다. 첫째, 목표한 저축액이 모이면 일정 금액을 적립해서 자유롭게 소비했다. 1,000만 원을 모을 때마다 20만 원씩 적립해서 가방이나 전자기기 등을 구매했다. 둘째, 여행적금에 가입했다. 적금이 어느 정도 모이면 주저 없이 1년에 한 번은 해외여행을 나가기로 약속했다. 이러한 단기적 보상도 없었다면 장기적으로 절약하며 시드머니 모으기에 성공하지 못했을 것이다.

절약은 마라톤이다. 100미터 달리기 하듯이 달려서는 마라톤을 완주할 수 없듯이, 지출을 무작정 0으로 만드는 방식으로는 장기적 절약 목표를 달성할 수 없다. 절약은 '소비하지 않기'가 아니라 '현명하게 소비하기'라는 사실을 명심하자.

소비를 하다 보면
'나를 위한 소비'라고 생각할 때가 많지만

고생했으니까
이건 나를 위한 선물!

택 마 어니~

~♩♪♫

♩♪♫~

알고 보면 누군가를 의식한 소비일 때가
많은 것 같습니다

집에 가서 인스타에
인증해야지!!

이제 소비할 때 스스로에게 물어보려 합니다

다른 사람들 시선 의식한 것 아니고~

이거 정말 너를 위한 소비 맞아?

응! 진짜 나를 위한 소비야!

PT냐 필라테스냐, 그것이 문제로다 🏛️

자타공인 운동광인 나. 처음부터 운동을 좋아하진 않았다. 취직 직후 했던 운동은 숨쉬기, 걷기가 전부였다. 5분 거리 지하철역까지 걸어가는 것조차 귀찮아 버스를 탔을 정도다. 그렇게 3년 정도 회사생활을 하다 보니 평지 걷기도 버거울 정도로 체력이 떨어졌다. 생존을 위해 헬스장으로 향했다. PT 10회를 끊고 본격적으로 운동에 돌입했다. 하루하루 건강이 회복되는 것을 경험하면서 재미가 붙었다. 유산소 운동을 하고, 중량을 늘리고, 새로운 기구를 배우며 점점 운동에 진심이 되어갔다. 1년 이상 꾸준히 PT를 받다 보니 운동의 끝을 보고 싶었다. 그렇게 2021년 인스타를 뜨겁게 달군 바디프로필 대열에 합류하게 됐다.

처음 바디프로필을 시작할 때는 욕심 내지 말고 지금 이 순간을 기록하는 데 집중하자고 마음먹었다. 그런데 준비하다 보니 조금 더 예뻐지고 싶다는 욕심이 커졌다. 몸 선을 예쁘게 만드는 데 필라테스가 최고라는 친구들의 말이 귓전에 맴돌았다. 결국 헬스를 가지 않는 요일에는 필라테스를 등록했다. 주 3회 헬스에, 주 2회 필라테스를 다니며 몸을 만들었고 바디프로필 사진을 만족스럽게 찍을 수 있었다. 이후로도 꾸준히 운동하며 몸매를 유지했다.

처음 절약을 시작할 때는 헬스와 필라테스가 3개월 정도 남아 있었지만 3개월이 지나자 재등록을 해야 할지 고민됐다. 현재의 예산으로는 절대 헬스와 필라테스를 동시에 등록할 수 없었다. 한 달 생활비 예산은 30~40만 원인데 헬스와 필라테스를 동시에 등록하려면 매달 12만 원이 추가로 필요했다. 운동과 돈 모으기 사이 갈림길에 선 것이다.

선택지는 세 가지였다.

1. 헬스만 한다
2. 필라테스만 한다
3. 무리해서라도 둘 다 한다

헬스만 하자니 몸 선이 망가질 것 같았고 필라테스만 하자니 중량 운동을 포기하기 싫었다. 둘 다 하자니 예산이 허락하지 않았다. 이러지도 저러지도 못한 채 고민만 하다가 운동을 시작하게 된 목적에까지 생각이 미쳤다. 처음 운동을 시작한 계기는 분명 '건강'이었다. 체력을 키워서 건강하고 활력 있는 일상과 회사생활을 하기 위해 운동을 시작했다. 건강이라는 1차 목표는 이미 달성했고, 바디프로필이라는 새로운 목표까지 초과달성한 상태였다. 이제는 건강한 몸을 잘 유지하기만 하면 된다. 그런데도 헬스와 필라테스를 양손에 쥐고 있다니.

내가 원하는 것은 운동으로 얻는 건강일까, 운동하는 이미지일까. 후자에 가까웠다. 건강을 위해 재등록해야 한다고 합리화했지만 사실은 타인의 시선을 의식한 소비, 멋진 사람으로 남기 위한 소비를 하고 있었던 것이다. 건강을 위해서라면 운동 하나만 해도 충분하다고 판단하고 헬스만 등록하기로 결정했다.

'나를 위한 소비'라는 명분으로 지출을 합리화할 때가 많다. 그중에는 타인에게 과시하기 위한 소비가 섞여 있는 경우가 많다. 경계가 모호한 두 가지 욕구 사이에서 현명한 소비를 선택하기 위해서는 잠깐 멈춰서서 스스로에게 질문해야 한다.

"이거 정말 나를 위한 소비 맞아?!"

그런데 이렇게 발생할 수밖에 없는
지출을 정하지 않고

무지출해야 절약하는 거야~

이거 못해? 의지박약이야~

무지출

아껴야 해

무지출우울

프레임에 갇혀 무리하게 무지출을 이어가다

절약에 대한 노력은
일회성 이벤트로 끝나게 되고

와... 이렇게까지 해야 해?

강 쓰고 살아~ FLEX!!

오히려 더 큰

보복소비를 마주하게 될 가능성이 높습니다

게다가 성장을 위해서는
일정 부분 투자를 할 수 있어야 하는데

아껴야 하는데 이 큰돈을 쓰라고게!

투자

소비

투자와 소비의 애매한 경계에서
현명한 소비를 고민하게 될 수도 있습니다

그렇다면 저지출을 오래 유지하면서

현명한 지출습관을 만들기 위해서는
어떻게 해야 할까요?

이것은 다음화에 계속됩니다!

저지출을
오랫동안 유지하는 방법

지난화에 이어

현명한 지출에 롱런할 수 있는 방법을
소개해보도록 하겠습니다!

저 지 출

우선 가장 중요한 것은
'실천 가능한 한 달 예산 파악하기' 인데요

이것을 위해 3개월 정도
소비내역을 뽑아

기존 지출습관을
파악하면 좋습니다

내가 돈을 이렇게 쓰는구나

기존 내역을 바탕으로 소비 우선순위를 파악하고

우선 생활은 해야 하니
식비, 교통비, 통신비 먼저 빼두고

꾸밈비는 조금만 줄여보자

열심 열심

쓱쓱쓱쓱

불필요한 비용을 제거해
현실적인 예산과 저축액을 정해줍니다

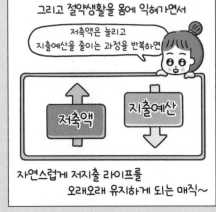

그리고 절약생활을 몸에 익혀가면서

저축은 늘리고
지출예산을 줄이는 과정을 반복하면

저축액

지출예산

자연스럽게 저지출 라이프를
오래오래 유지하게 되는 매직~

다음으로 투자와 소비를
구분하는 것이 필요합니다

그런데 이때 이런 질문을 하시는 분들이
계실 것 같아요

어디까지가 소비이고
어디까지가 투자인가요 ㅠㅠ

이때 제가 주목하는 것은
지출로 얻게되는 가치의 방향입니다

만약 가치의 방향이
현재로 향한다면 소비

만약 가치의 방향이
미래로 향한다면 투자

일단 놀자 놀아!!

공부!!

이렇게 말이죠

그런데 말입니다...

그럼 지금 줄이려고 하는 소비는
무조건 하면 안 되는 건가...
시작도 하기 전부터 우울해 엉엉엉

이렇게 생각하는 분이 계신가요?

이때 등장하는 마지막 비법!
약간의 소비 일탈 허용하기!

절약 퀘스트 사이에 존재하는

절약하다 소비하면
만족감이 두 배!

대신 저축에 영향 가지
않을 만큼만!

절약   보상   절약

절약으로 인한 현타를 막아주어
저지출을 이어가는 데 큰 힘이 된답니다

저에게 있어서 일탈은 술인데요

한 달 예산이 남으면
마셔보고 싶었던 와인이나 양주를 사오옵니다

술 죠아...
술 마셔...

그리고 집에서 안주 만들어서 홈술하면 개꿀!!

재테크라는 것은
오늘 하루만에 끝나는 것이 아닙니다

절약과 투자 사이의 균형을 맞춰가며
절약을 오래오래 이어가봐요!

재테크 마라톤 화이팅

"한 달에 무지출을
며칠 하시나요?"

한참 절약 라이프를 이어가던 당시 SNS에서 유행했던 것이 있다. 바로 무지출 챌린지! 정해진 기간 동안 지출을 0으로 만드는 챌린지로 극단적인 절약을 자랑하는 콘텐츠가 쏟아졌다. 고금리, 고물가까지 맞물려 '무지출'이라는 자극적인 키워드가 호소력 있게 다가왔고 챌린지에 동참하는 크리에이터들이 큰 관심을 받았다. 나도 절약이나 사회초년생의 자산관리 등을 주제로 콘텐츠를 만들다 보니 자연스레 무지출 관련 질문을 자주 받았다.

"작가님은 한 달에 무지출을 며칠 하시나요?"

이런 질문을 받을 때마다 난감했다. 무지출에 큰 의미를 두지 않고 지냈기 때문이다. 지출을 줄인다면 물론 좋겠지만 무지출 자체에 의미부여를 하진 않았다. 이유는 간단하다. 무지출이 재테크의 핵심이 아니기 때문이다.

한 번은 식당에서 주문하는데 한 친구가 말했다.

"절약하는 사람들은 다 무지출 하는 거 아니었어? 너도 무지출 하고 유튜브에 인증해봐! 요즘 알고리즘 잘 타던데?"

기분이 썩 좋지 않았다. 누구보다 앞장서서 절약을 역설했지만, 지금 당장 모든 삶을 희생하고 무조건 쓰지 말자는 의미는 아니다. 앞서 밝힌 것처럼 정상적인 생활을 위해 최소한의 소비는 불가피하다. 그런데 무지출이 유행하면서 무지출이 곧 절약이라는 프레임이 생겼다. 이를 다른 사람에게 강요하는 것이 가학적으로 느껴졌다.

재테크의 핵심은 무엇일까? 재테크의 사전적 정의는 '자산을 안전하게 불려나가는 일련의 과정'이다. 절약과 저축은 재테크의 일부로서 시드머니라는 자산의 기초를 마련하기 위해 불필요한 지출을 줄이고 매달 일정 금액을 모아가는 과정이다. 다시 말해 절약은 재테크의 촉매제이지 그 자체로 재테크의 최종목표는 아닌 것이다. 이따금 무지출에 실패한 자신을 자책하는 DM을 받을 때면 어딘가 핵심에서 벗어난 게 아닌가 안타까웠다.

무조건 무지출만 고집한다면 어떻게 될까? 결국 절약은 일회성 이벤트로 끝나고 더 큰 보복소비를 마주할 가능성이 높다. 극단적 다이어트 후의 폭식과 유사하다. 무지출에 도전하고 보복소비하는 과정을 반복하다 보면 어차피 해도 안 된다는 패배의식에 빠질 위험이 있다. 이런 부정적인 생각으로 절약을 포기하는 것보다는 실천 가능한 수준에서 절약하는 생활을 장기간 유지하는 쪽이 월등히 효과적일 것이다.

무지출의 또 다른 문제점은 성장을 위한 투자에 인색해진다는 것이다. 가계부에 찍히는 '지출 = 0'이라는 숫자에 중독되다 보면 소비 자체에 거부감을 갖게 된다. 자연스레 배움이나 새로운 활동 같은 성장을 위한 투자에도 인색해지고 변화하는 경제 환경에 적응하지 못한 채 절약밖에 모르는 우물 안 개구리로 남게 된다. 1부에서 말한 것처럼 나도 절약이 재테크의 전부인 줄 알고 살던 시절이 있었다. 주식, 펀드, 부동산에 의도적으로 눈과 귀를 닫았었다. 그때 적극적으로 투자해서 배우고 경험한 친구들은 빠르게 투자 성과를 얻었다. 절약이 만능이 아니고, 성장을 위한 투자도 적절히 병행해야 한다. 어떻게 해야 절약과 투자 사이에 적절한 균형을 찾아갈 수 있을까.

1) 예산 안에서 지출하기

우선 한 달 예산을 파악하고 철저하게 지켜야 한다. 예산에 대해 누차 강조하지만, 과소비와 낭비를 일삼는 이유는 한 달 예산을 정확하게 파악하고 있지 않기 때문이다. 예산을 모르면 '일단 쓰고 보는' 생활이 이어질 가능성이 높다. 따라서 한 달 예산을 합리적으로 세우고 철저히 지키며 지출을 통제하는 과정이 중요하다.

2] 투자와 소비를 구분하자

앞서 말한 것처럼 재테크 실력을 키우기 위해서는 잘 배워야 한다. 어디까지가 소비이고 어디서부터 투자인지 모르겠다는 사람이 많다. 소비와 투자를 구분하는 잣대는 지출로 얻게 되는 가치의 방향이다. 소비는 가치의 방향이 현재를 향한다. 예를 들어 친구들과 함께 먹고 마시는 순간, 당장 가지고 싶은 명품을 구매하는 것 등이 있다. 투자는 가치의 방향이 미래를 향한다. 재테크 강의료를 지불하는 것, 이직을 위해 새로운 직무교육을 받는 것 등이 해당된다. 아이패드를 새로 구매할 때 유행을 따라 과시를 위해 사는 거라면 단순 소비지만, 생산도구로 활용한다면 투자로 분류하는 게 마땅하다.

3] 약간의 일탈을 허용하기

저지출을 오래 유지하기 위해서 내가 하는 마지막 행동은 바로 현재에 충실한 소비를 하는 것이다. 일견 앞의 내용과 모순돼 보일 수 있다. 미래를 위한 투자는 분명 중요하지만 미래 가치에만 치중하면 현재의 내가 불행해지는 것을 막을 수 없다. 현재의 나를 돌보지 않으면 금세 무기력증과 번아웃이 찾아온다. 식단관리를 하면서도 한 번씩 치팅데이를 갖는 것처럼, 현재의 나에게 "잘하고 있어!" "이번 한 주도 수고했어!"라는 격려의 메시지를 전하기 위한 작은 일탈을 허용하는 것이 매우 중요하다. 나는 일탈로 주류를 즐기는 편이다. 예산이 남거나 중요한 프로젝트가 끝났을 때는 와인이나 위스키를 구매해 홈술을 즐긴다. 고생한 스스로를 다독이며 재충전의 시간을 갖는다.

무지출 챌린지는 아직 절약이 낯선 사람들은 한번 도전해봐도 좋을 이벤트다. 그러나 그 자체가 목적이 된다면 결국 부작용으로 절약을 포기하고 멀리하게 될 것이다. 따라서 무지출보다는 저지출로 현명한 절약 생활을 이어갈 것을 추천한다.

3

불리기

GROWING TO
BE SUPER
RICH!

뼈저린 깨달음,
절약만으론 부족하다

본격적인 절약을 실천하고 월급 관리 체계를 세팅하자 돈이 모이기 시작했다. 마이너스를 밑돌았던 저축률은 어느새 60%를 훌쩍 넘겼고, 다달이 쌓여가는 적금통장은 보기만 해도 배가 불렀다. 스스로가 대견하고 뿌듯했다. 그러나 이런 보람을 느낀 것도 잠시. 유튜브와 SNS에 끊임없이 올라오는 성공신화는 나를 작아지게 만들었다.

"1억 모으기 성공했어요!"
"취미가 부수입이 되고 본업이 되었어요!"

나름대로 열심히 절약하며 미래를 위해 달리고 있다고 생각했는데 여전히 부족하다는 생각이 들었다. 월급 안에서는 더 이상 줄이고 모을 수 있는 게 없었다. 통신비며 식비며 쥐어짤 대로 짠 상황이었고, 더 절약할 거리를 찾겠다는 것은 마른걸레 짜기나 다름없었다. 이렇게 절약을 최대한으로 끌어올린 상황에서 매달 200만 원을 저축한다고 하면, 1년에 2,400만 원을 모을 수 있다. 그러나 반대로 생각하면 2,400만 원 이상은 모을 수 없다는 의미이기도 했다. 이것이 절약의 한계라는 생각이 들었다. 절약에 대해 부정적으로 보는 사람들이 늘 하는 말이 있다. "티끌 모아 티끌이다." 반은 맞고 반은 틀린 말이다.

경제학 용어 중 스노볼 효과(Snowball Effect)라는 용어가 있다. 스노볼 효과란 투자의 장기적 관점에서 작은 돈이라도 일정 수준 이상의 이율이 꾸준히 복리로 붙게 되면 결국에는 큰 자산이 되는 것을 의미한다. 눈 오는 날 눈사람을 만들 때 시작은 자그만 눈뭉치이지만 눈뭉치를 굴리고 굴리다 보면 어느 순간 큰 눈덩이가 되는 것을 비유적으로 표현한 말이다.

결국, 핵심은 절약을 통해 작은 눈뭉치인 시드머니를 만들고, 부수입과 투자를 통해 그 크기를 점점 불려가야 한다는 것이다. 절약과 부수입과 투자, 이 세 가지의 균형이 맞아떨어질 때 자산 규모도 빠르게 키울 수 있겠다는 생각이 들었다. 자산을 세 가지 방면에서 더 잘 관리해보기로 다짐했다.

1) 수입 늘리기

가장 먼저 수입의 크기 자체를 키웠다. 아무리 절약을 열심히 해도 월급 300만 원과 500만 원은 절약 효과가 다르다. 당장 월급을 늘리긴 어렵기 때문에 '더 벌기' 위한 방법을 알아봤다. 블로그, 인스타그램, 각종 아르바이트 등을 통해 부수입을 차곡차곡 쌓았다. 꾸준히 이직도 알아봤다. 1년 이상 노력한 결과 연봉 2,000만 원 이상을 올려서 이직할 수 있었다.

2) 투자하기

주식과 부동산 투자도 열심히 했다. 사실 주식 투자는 코로나 이전부터 꾸준히 관심을 갖고 공부하고 있었다. 그에 비해 부동산에 대한 관심은 적었는데 의식주 중 하나인 주거 문제도 살아가는 데 필수적이라는 생각에 더 이상 외면하지 않기로 했다. 아직 내 집 마련에 성공하지는 못했지만 꾸준히 관심을 가지고 실거주할 집 한 채를 마련하기 위해 노력 중이다.

3) 노후대책 준비하기

마지막으로 노후대책도 세워보았다. 내가 정신 차리고 자산관리를 시작한 시점은 29세 때였다. "괜찮아, 인생 길어! 지금부터 모으면 되지."라고 말할 수 있는 나이였다. 만약 은퇴를 앞둔 시점에서야 정신을 차렸다면 더 막막했을 것이다. 나의 관심은 자연스레 '노후대비'로 옮겨갔다. 근로소득을 벌 수 있을 때 꾸준히 아끼고 모은 후, 자금을 잘 굴려서 노후대책을 마련해야 한다. 지금부터 자산 포트폴리오를 잘 구축해서 은퇴 후에도 꾸준히 현금흐름을 유지해줄 기반을 만들기로 다짐했다.

이렇게 돈을 아끼기만 하다가 드디어 돈을 불리기 위한 평범한 사회초년생의 노력이 시작되었다.

벤꾸리 더 벌기의 역사

1탄 대학생 벤꾸리 플리마켓 셀러가 되다

귀여운 것 구경하고 가세요~

귀 여 워

지금도 어떻게 하면 빨리 돈을 모을 수 있을까 매일같이 머리를 굴리고 있지만

알바만 해서는 돈을 많이 못 버는데... 어디 뭐 쏠쏠한 것 없나?

알바/창업 고민하는

사실 대학생 때도 딱히 다르진 않았습니다

어떤 것을 하면 좋을까 계속 고민하던 와중에 우연히 들른 동대문 시장

동 대 문 시 장

예쁜 것 많다는데 한번 가볼래~?

콜!

쫄래쫄래 친구 따라 옴

평소 집에서 사부작 거리는걸 좋아하는 저에게

비즈 짱 예뻐!

이거로 반지랑 팔찌 만들고 싶다

영

롱

우와 좋은 냄새 나네 향수 만들어보고 싶다

킁킁 킁킁

동대문 시장은 천국이나 다름 없었습니다

재료를 사다가 이것저것 만들어 사용했는데

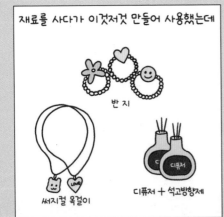

반 지

LOVE

써지컬 목걸이

디퓨저

디퓨저 + 석고방향제

그 모습을 본 친구가 이렇게 말하더라고요?!

엇! 이거 내가 만든건데!!

벤꾸리 반지 샀어? 이거 예쁘다..!

헉! 산 건줄 알았어! 너 이런 거 잘 만든다..!

잉..그..그런가..? 어쑥..;;

그때 처음 생각했습니다

내가 만든 게 파는 것 같구나...!!

엉......

그럼 이것들을 만들어서 팔아봐...?!

유레카...!!!

이렇게 말이죠...!

어디에서 파는 게 좋을까 고민하던 와중에

○○ 플리마켓

XX 대학교 플리마켓에
참여할 셀러를 모집합니다

장소 : XX 대학교
날짜 : XX월 XX일
품목 : 자율

오호라...?!

때마침 올라온 학교 내 플리마켓 셀러공고!

공고를 본 저는 결심했습니다!

좋았어 이거야!
이거로 용돈 한번 벌어보는 거야!

때부자가 될 테다!
(과연...)

플리마켓 셀러로 참여하기로!

벤꾸리 더 벌기의 역사

2탄. 대학생 벤꾸리 플리마켓 셀러가 되다

플리마켓 하면 이만큼 번다고?!

귀 여 워

첫 플리마켓에 가지고 간건 비즈반지였습니다

비즈반지를 선택한 이유는
우선 만들기가 쉽고

낚시줄이랑 비즈만 있으면 OK

원재료가 비교적 저렴하며

오천 원에 비즈가
이만큼이라니!!

당시 꽤나 유행했던
아이템이기 때문!

너도 샀어? 나도 샀어!

제가 투자한 시간은 이 정도였는데요...!

재료 사고 제품 만드는 데
걸리는 시간 일주일

플리마켓 운영하는 데 2일

구경하고 가세요!!

일주일 넘게 하루 두세 시간씩 투자해서
이틀 동안 번 돈은 70만 원이 조금 넘었어요

한 달 풀타임으로 일해도
백만 원 벌기도 힘든데!

2013년 최저임금 4800원 시절

70만

처음 제 능력으로 번 돈이라는 생각에 뿌듯했죠!

이거다 싶은 생각에 그 이후로 학교 축제나
핸드메이드 플리마켓을 찾아다녔고

저는 이런 조건의
마켓을 찾아다녔어요

수수료 없이
자리세/부스비만
있는 곳

우글우글 우글우글

유동인구가
많은 곳

사업자 없이
개인작가 출품이
가능한 곳

나름의 소소한 용돈벌이가 됐던 것 같습니다

플리마켓 셀러가 되고 알게 된 점 부수입

친구들은 나를 "더 벌기에 진심인 사람"이라고 묘사한다. 이 말처럼 꽤 오랫동안 월급 외 부수입에 관심을 가지고 다양한 일에 도전해왔다. 그 역사는 대학생 때부터 시작한다. 아르바이트로 모든 생활비를 충당해야 했기 때문에 돈이 되는 일이라면 닥치는 대로 했다. 카페, 매장, 콜센터, 과외, 재택 알바(문서 작업) 등등 다양한 일에 도전했는데 그중 가장 기억에 남는 것은 플리마켓에 셀러로 참가했던 일이다.

토익 학원을 마치고 친구와 청계천 근처를 산책하고 있었다. 그날따라 유난히 공부하기 싫었던 터라 정처 없이 걷다가 어느새 방산시장까지 갔다. 공부 빼고 모든 것이 흥미로운 상태였기 때문에 주저없이 시장 안으로 들어가 구경을 시작했다. 신세계였다. 핸드메이드를 위한 각종 부자재가 지천에 널려 있던 것! 비즈, 향초, 향수, 써지컬 스틸(의료용 철) 등등 각종 핸드메이드 액세서리 재료들을 굉장히 저렴한 가격에 판매하고 있었다. 어디에 홀린 듯이 부자재를 한가득 사서 밤새 이것저것 만들어서 사용했다. 그 후로 한동안 현실에 지칠 때마다 방산시장에 들러 소소하게 취미생활을 즐기곤 했다.

대부분의 액세서리는 직접 만들었다. 목걸이, 팔찌, 향수까지 웬만해서는 직접 만든 것을 사용했다. 친구가 말했다.

"벤꾸리야, 이 반지 산 거야? 어디서 샀어? 너무 예쁘다!"

취미로 만들어서 소소하게 하고 다니던 내 액세서리가 파는 물건처럼 보인다니! 칭찬에 기분이 좋아져서 이것저것 만들어 선물하고 다니다가 문득 이런 생각이 들었다. 내가 만든 물건이 파는 것 같다면 직접 만들어 팔아도 되는 것 아닌가?

지금 같으면 스마트스토어를 이용했겠지만 2013년에는 스마트스토어(또는 스마트팜, 스마트스토어의 전신)가 지금처럼 대중적이지는 않았다. 대부분의 인터넷쇼핑은 지마켓, 11번가에서 이루어졌고 쿠팡이나 티몬 같은 사이트가 존재하긴 했지만 일반적이진 않았다. 판로를 고민하던 중 교내 공지로 플리마켓 셀러 모집 공고가 올라왔다. 당시 대학교를 돌아다니며 플리마켓을 개최하는 이벤트가 유행이었고, 재학 중인 학교에서도 플리마켓 행사를 개최한다는 소식이었다. 공고를 보자마자 곧장 셀러에 지원했다.

첫 판매 품목은 비즈반지로 정했다. 만들기가 쉽기 때문이다. 약간의 기술과 비즈를 배합하는 센스만 있다면 누구나 독특하고 예쁜 제품을 만들 수 있었다. 원재료가 저렴한 것도 한몫했다. 아무래도 학생이다 보니 큰돈을 움직이기는 힘들었고 최소한의 원가로 최대한의 수익을 낼 수 있는 방법을 고민했다. 저렴한 원가의 비즈는 최적의 아이템이었다. 마지막으로 당시에 비즈반지와 비즈팔찌가 꽤나 유행템이었다. 아무래도 유행하는 제품을 빠르게 수급해서 판매해야 수익을 낼 수 있을 것이라고 생각했다.

반응은 폭발적이었다. 플리마켓 물품이 대부분 옷과 에코백이었는데 비즈 제품은 플리마켓 톤에 맞으면서도 특별해서 사람들의 이목을 끌었다. 준비한 재고를 거의 다 소진하면서 적지 않은 수익을 올리는 데 성공했다.

플리마켓에 투자한 시간은 열흘 정도였다. 공고를 확인하고 지원하는 데 하루, 재료 사고 제품 만드는 데 일주일, 실제 플리마켓에 참가한 날 이틀까지. 10일을 투자해 벌어들인 수익은 70만 원 정도였다. 작다면 작고 크다면 큰돈이지만 나에겐 엄청나게 큰돈이었다. 2013년 당시 최저임금이 4,800원이었으니 거의 한 달 치 월급을 벌어들인 셈이다. 처음으로 기획부터 수익 창출까지 직접 해냈다는 사실에 뿌듯했다. 그 이후로도 틈틈이 기회가 있을 때마다 학교 축제나 핸드메이드 플리마켓을 찾아다니며 셀러로 참가하여 용돈을 벌었다. 취직한 후에도 꾸준히 참여하고 싶었지만 막상 취업하고 나니 야근에 치여 더 이상 활동하기 어려웠다.

플리마켓 경험은 용돈벌이 이상의 가치가 있었다. 직접 상품을 기획하면서 소비자의 욕구를 파악하고 적절한 마케팅 방법을 고민하는 과정에서 많은 것을 배웠기 때문이다. 20대 초반, 어린 나이에 사업이라는 것은 마냥 어려운 일이라고만 생각했었다. 어른인 대표님들이 정장을 입고 멋지게 프레젠테이션을 하면서 일을 따내는 것. 막연히 이런 것이 사업의 전부라고 생각했다. 그러나 생각보다 사업은 멀리 있는 것이 아니었다. 평소 좋아하던 비즈를 활용해 수익을 낼 수 있는 아이템을 실생활에서 발굴하고, 샘플로 만들어본 제품들을 주위 사람들에게 나눠주며 시장 반응을 살피는 것 자체가 이미 사업의 한 모양이었다. 또한 플리마켓의 수많은 매대와 제품들 중에서 어떻게 하면 내 제품을 더 눈에 띄게 만들 수 있을지 전시 방법과 패키지를 고민했던 시간은 먼 훗날 일러스트 제품을 가지고 페어에 나갈 때 실제 높은 매출로 이어지는 등 아주 큰 도움이 되었다. 결론적으로 사업에 대한 기초적인 감을 갖게 해준 소중한 경험이었다.

결혼식 축가가 쏘아올린 작은 공 💰 부수입

취업 후에도 꾸준히 부수입을 만들 것이라는 나의 다짐은 사회 초년생의 혹독한 사회생활 앞에 여지없이 무너졌다. 나의 첫 직장은 근무 강도가 제법 높은 편에 속했다. 특히 입사한 첫해는 유난히 일이 더 많았고 매일 야근에 치인 탓에 회사만 다니기에도 너무나 벅찼다. 게다가 첫 조직생활에 적응하는 데 어려움을 겪은 나는 왠지 모르게 사람들과의 관계까지 어렵게 느껴졌고, 이런 나에게 '부업'이란 꿈도 꾸지 못할 일이었다.

그렇게 2~3년이라는 시간이 흘렀다. 좀비처럼 회사만 다니던 어느 날이었다. 어렸을 때부터 친하게 지내던 친구가 결혼한다는 소식을 들고 나타났다. 기쁜 마음으로 청첩장 모임에 갔는데 친구가 이런 말을 하는 것이었다.

"벤꾸리야, 나 축가 불러줄 수 있어?"

조금 민망하지만 나는 사실 노래를 꽤 잘하는 편이다. 친구들과 노래방을 가도 항상 고음을 담당했고, 교회 찬양단, 회사 밴드 동호회에서 보컬을 맡는 등 꾸준히 활동해왔다. 내 목소리로 친구의 결혼을 축하해줄 기회라니! 하지 않을 이유가 없었다.

결혼식에서 축가도 잘 부르고 결혼식 마친 후 집에 가려는데 친구가 나를 불러 세웠다. 그리고 축가에 대한 감사의 의미라며 정성스레 준비한 봉투를 건넸다. 약간의 사례비가 들어 있었다. 돈을 바라고 한 건 아니었는데 부수입이 없던 당시에는 감사하고 신기했다. 그날 이후, 축가 본 친구들의 소개로 축가 아르바이트도 다니기 시작했다. 노래가 내게는 큰 어려움이 아니었기 때문에 부담 없이 즐겁게 할 수 있었다.

그러나 축가 아르바이트 구하기가 하늘의 별 따기라 가뭄에 콩 나듯 한 번씩 제의가 들어왔고, 그마저도 코로나가 시작되고는 뚝 끊겼다. 쏠쏠했던 부수입에 대한 아쉬움이 커서 욕심이 더 생겼다. 때마침 회사생활 적응도 마쳐가던 시기라 본격적으로 부수입거리를 찾아 나섰다. 처음 눈에 들어온 것은 블로그였다.

2010년대쯤엔 네이버 블로그가 한참 유행했다. 그 시절 나도 연극, 영화를 주제로 블로그를 운영했는데 덕분에 여러 시사회나 연극에 초대받을 수 있었고 문화 비용을 획기적으로 아꼈던 경험이 있었다. 이때의 경험을 바탕으로 다시 열심히 블로그를 운영해 데이트 비용, 외식비라도 아껴보자고 생각했다. 처음에는 체험단이라도 해보자라는 생각으로 시작한 블로그였다. 그런데 어떻게 눈치챘는지 유튜브 알고리즘에 블로그 성장을 주제로 한 영상이 줄줄이 떴다. 그중에 내 눈을 사로잡은 영상이 하나 있었다.

"블로그로 월 1,000만 원 벌고 퇴사했어요."

월 1,000만 원? 체험단이나 하면 다행이겠다 싶었던 내 계획과는 달리 엄청난 수입을 자랑하며 성공담을 늘어놓던 그들의 비법은 바로 'SNS를 활용한 퍼스널 브랜딩'이었다.

인스타, 페이스북, 트위터도 몰랐던 내가 부수입

블로그 가꾸기를 주제로 삼은 유튜브 채널에서는 이렇게 말했다.

"체험단으로 생활비를 아끼는 것도 좋지만, 한 가지 주제로 꾸준히 포스팅하다 보면 브랜딩이 되고 결국 수익화로 이어질 수 있습니다."

블로그를 활용한 퍼스널 브랜딩 이야기였다. 어렸을 때부터 글로 생각 전달하기를 좋아했기 때문에 도전해볼 만할 것 같았다. 이거다 싶은 마음에 '직장생활'을 주제로 글 쓰고 블로그에 포스팅했다. 한 편, 두 편 올릴 때마다 이제 곧 작가가 될 수 있을 것 같아서 마음이 들떴다.

그러나 기대와 달리 블로그에서 아이디어와 필력만으로 주목받기란 굉장히 어려운 일이었다. 기본적으로 네이버 블로그는 키워드 중심의 검색엔진 기반 플랫폼이다. 직장생활에 대한 인사이트와 N잡러 여정을 기록한 에세이는 노출되기 어려운 구조였다. 대부분 맛집, 여행, 생활 속 꿀팁 등 실용적 정보 검색에 활용하지, 에세이를 읽기 위해 접속하는 경우는 드물었다. 물론 성과가 전혀 없지는 않았다. 꾸준히 포스팅하다 보니 이웃도 하나둘 늘어났고 좋아요와 댓글도 잘 달렸다. 하지만 원래 성격이 급하고 부수입에 열정이 불타오르던 때라 좋아요, 댓글 몇 개로는 만족스럽지 않았다. 다른 획기적인 방법이 필요했다.

유튜브 알고리즘이 이번에는 '짠테크' 유튜버 인터뷰 영상을 보여줬다. 아이패드를 생산도구로 활용하기 위해 그림을 배우기 시작했다고 말했다. 그 영상을 통해 아이패드로 만화를 그려서 SNS에 올리는 '인스타툰' 세계를 처음 접하게 됐다. 사실 그전에는 SNS에 전혀 관심 없었고(인스타그램, 페이스북, 트위터 등 어느 것도 즐겨 하지 않았다) 자연스레 SNS 마케팅에도 무관심했다.

아이패드는 나도 있었다. 3년 동안 아이패드로 한 일이라고는 영상통화, 메모장 쓰기, 영상 보기, 게임 정도였지만. 아이패드를 생산도구로 잘 활용하고 싶다는 욕심이 생겼다. 당장 아이패드 그림 강의를 결제했다. 그림으로 생각을 표현하는 것은 전문가의 영역이라서 일반인도 할 수 있을까 걱정했지만 막상 배워보니 해볼 만했다. 오히려 작업하는 것이 너무나 재밌었다. 그렇게 드로잉 연습과 캐릭터 구상, 컨셉과 주제 연구를 거쳐 오랜 준비 끝에 인스타툰을 세상에 꺼내 놓았고 마침내 '돈 모으는 벤꾸리'가 탄생하게 됐다.

처음 돈 모으는 벤꾸리 계정을 시작한 것은 2022년 1월 1일이었다. 인스타그램과 인스타툰 장르에 대해 공부한 시간까지 포함해서 약 2년의 시간을 인스타툰에 투자하고 매진했다. 현재 11만 팔로워를 보유한 인스타툰 계정은 든든한 수입원이자 새로운 직업으로 자리 잡았고 수입이 늘어남에 따라 돈 모이는 속도도 현저히 빨라지는 중이다.

인스타툰 계정을 성장시키기까지 '더 벌기'의 역사에 여러 번의 도전과 실패가 있었다. 플리마켓, 축가 아르바이트, 블로그, 그리고 인스타툰. 한 가지 분명히 깨달은 사실은 꾸준히 노력하고 도전하면 기회가 온다는 것이다. 인스타툰으로 이만큼 성장할 줄 알았냐고 묻는다면 고민 없이 곧장 대답할 수 있다. 절대 아니라고. 당장은 내가 하는 활동이 충분한 수입으로 이어지지 않을 수 있다. 하지만 도전하고 경험했던 것들이 언젠가 기회로 돌아온다는 사실을 기억하며 부수입의 새로운 파이프라인 발굴을 위해 꾸준히 노력하자!

직장인의 가장 쉬운 더 벌기, 이직 꿀팁 부수입

인스타툰을 통해 새로운 파이프라인을 만드는 동안에도 꾸준히 해온 것이 있다. 바로 이직 준비였다. 냉정히 얘기해서 직장인 입장에서 한 달 부수입 50만 원을 더 버는 것보다 이직으로 연봉 500만 원을 올리는 쪽이 더 쉬운 선택지다. 부수입은 부수입대로 만들고 이직까지 성공한다면 돈 모으는 속도가 훨씬 빨라질 것이라 생각했다. 물론 연봉 인상이 이직 사유의 전부는 아니었다. 다니던 회사와 산업의 성장성을 고려할 때 다른 분야의 동일 직무로 이직하는 것이 커리어에 유리할 것이라 판단해서 이직을 결정하였다.

물론 이직이 말처럼 쉬운 일은 결코 아니다. 나는 1년여간의 준비와 도전을 통해 어렵게 이직에 성공했는데 그 과정에서 깨달은 몇 가지 사실을 공유하고자 한다.

1) 상위사로 이직하기 위한 최소한의 요건은 3년이다

이직 시장에서 최소한의 이직 요건은 3년이다. 1~2년 차의 경력직을 채용하는 경우는 흔하지 않고 특히 좋은 일자리일수록 드물다. 일반적으로 '대리급'이라고 불릴 수 있는 3년 차 이상이 이직 시장에서 요구되는 최소 조건이고 기업에서는 5년 차 이상의 경력직을 선호하는 편이다. 은어적 표현으로 5년 차를 '잘 팔릴 시기'라고도 말한다. 이직을 생각하는데 아직 경력이 3년 미만이라면 최소한 3년을 채울 때까지는 조금 더 버티면서 역량을 쌓는 것이 좋다.

2) 이력서는 최대한 다양한 곳에 올려두어야 한다

이직하는 방법으로는 직접 지원하는 방법도 있지만 헤드헌터를 통해 이직 제안을 받는 방법도 있다. 개인적으로 직접 지원하는 것보다 헤드헌터를 통하는 쪽이 합격률이 더 높다고 생각한다. 이직 제안을 받으려면 사람인, 리멤버, 링크드인, 잡플래닛 같은 사이트에 이력서를 업로드해야 하는데 중요한 점은 헤드헌터마다 애용하는 플랫폼이 조금씩 다르다는 사실이다.

실례로 내가 이직할 때 제안 주었던 헤드헌터는 '사람인'을 주로 이용하고 다른 플랫폼은 서브로 이용한다고 했다. 이처럼 내 이력서가 어디서 누구에게 노출될지 알 수 없기 때문에 최대한 많은 곳에 올려두어야 더 많은 기회를 얻을 수 있다.

3) 같은 제안도 여러 헤드헌터로부터 받을 수 있다

기업마다 조금씩 다르지만 채용공고가 크게 나는 경우(보통 TO
가 많은 경우를 채용공고가 크게 난다고 표현한다) 여러 헤드헌터 업체에
동시에 인재 소싱을 위탁하게 된다. 그래서 같은 회사의 채용공고
를 여러 헤드헌터로부터 제공받는 경우도 발생한다. 이럴 때는 곧
장 이력서와 경력기술서를 보내는 것보다는 헤드헌터와 직접 컨
택해보고 가장 적극적이면서 정보가 많은 분과 진행하는 것이 좋
다. 적극적으로 회사에 어필하며 이직을 도와주는 헤드헌터도 많
지만, 단순히 이력서만 전달하는 헤드헌터도 있다. 가장 잘 도와줄
수 있는 파트너를 탐색해서 선정해야 성공에 한 걸음 더 다가갈
수 있다.

4) 잦은 이직과 직무 변경은 부정적으로 비춰질 수 있다

주변 지인 중에는 유난히 이직과 직무 변경이 잦은 사람들도
있다. 이런 경우는 이직 시장에서 불리하게 작용할 위험이 있다.
잦은 이직의 경우 조직 적응에 문제가 있는 것으로 비춰질 수
있다. 기본적으로 이직은 조직에 불만족하기 때문에 하게 되는데
자주 이직한 사람이라면 우리 조직에서도 잘 정착하지 못할 것이
라는 신호로 받아들여진다.
잦은 직무 변경은 개인 입장에서는 새로운 도전이겠지만 조직

관점에서는 전문성 결여로 비춰질 수 있다. 따라서 최소 3~4년은 한 직장, 한 직무에서 근무하며 전문성을 쌓은 후 이직하는 것이 유리하다.

5) 연봉은 최소 20% 이상 올려야 성공했다고 볼 수 있다

일단 지금 다니는 회사에서 탈출하고 싶다는 생각에 이직 자체에만 몰두하면서 연봉 협상에는 무관심한 사람들도 있다. 이런 분들에게 '기회비용'을 꼭 고려하라고 말해주고 싶다. 이직한다는 것은 기존 회사에서 받던 혜택들을 포기하는 일이기도 하고, 새로운 회사에 적응하려면 알게 모르게 여러 부수적인 비용들이 발생하기 때문이다.

이직은 새로운 세계로 떠난다는 점에서 위험한 도전이기도 하다. 막상 옮겼는데 공고를 통해 파악했던 직무와 다른 일을 맡을 수도 있고, 조직 분위기도 밖에서 보이는 것보다 경직되어 있어 적응하는 데 어려움을 겪을 수 있다. 이런 상황에서 연봉마저 원하는 수준까지 충분히 올리지 못했다면 회사생활 만족도가 크게 떨어질 수밖에 없다.

한 가지 더 고려해야 하는 것은 '진급'에 대한 부분이다. 대부분의 기업은 경력직에 대한 불이익이 없다고 말하지만 실제 경력직으로 입사하신 분들 이야기를 들어보면 알게 모르게 승진과 보상에서 불이익을 받는 경우도 많다. 따라서 내가 원래 회사에서 승진을 앞두고 있는 차수이거나, 이직 후 승진까지 오래 걸릴 것으로 예상된다면 이런 부분까지 고려해서 연봉 협상에 임해야 한다.

내가 투자소득보다 근로소득에 더 집중하는 이유

투자하는 개미 말고

일하는 개미가 되자!

(X)   (O)

WORK

딱 2년 전 저는
말 그대로 주식에 미친놈이었습니다

일하기 싫어
주식 어플 보고 싶다

올랐나 떨어졌나...
궁금해 죽어...

근무 집중 X

기승전 주식생각

그 이유는 말이죠...

주식으로 성공해야만
인생을 바꿀 수 있다고 생각했기 때문입니다

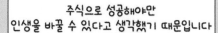

주식으로 은퇴했어요!

총 자산 100억 달성했어요!

경제적 자유 만세!

역시 주식이 답이었어

포기하지 말고 조져보자!

그렇게 투자에 목매며 시간을 보내던 어느날
중요한 한 가지를 놓친 자신을 발견했는데요

이거 떡상하면
야판 뜨는거야

차라리!
전업 투자를 할까?

쾅!

끼!

그거 아냐....

정신 차려 이 바보야..!

그것은 바로 '노동의 가치'였습니다

눈앞에서 실시간으로 바뀌는 숫자만 쫓다 보니

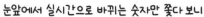

수익

올라래 조금만 더 올라래!

ONLY YOU!!

어항

둥둥

덩그러니...

미래   비전

가치보다 숫자에 매몰되어 보이는 게 없었고

중심이 바로 서지 못한 삶을 살았습니다

일은 실수투성이고

밤낮이 바뀌어버림

또 틀렸네...땡할...

미국주식...

잘 일 이러지...

매일이 엉망이야..ㄲㅠ 이렇게 사는 게 마..맞아..?

투자와 근로소득의
황금비율을 찾다

주식 투자를 처음 시작한 이후 2년간 주식에 푹 빠져 살았다. 급격히 풀린 유동성에 힘입어 주식 시장은 연일 신고가를 경신했고, 하루에도 수익률이 20~30%씩 찍히는데 종일 사무실에 앉아 있는 게 무슨 의미가 있나 싶었다. 성실하게 한 달을 꼬박 일해도 겨우 몇백만 원 버는 게 전부지만 주식 종목 하나 잘 고르면 몇백, 몇천의 수익을 손쉽게 낼 수 있었기 때문이다. 일확천금의 꿈에 부풀어 살았던 것 같다.

주식만이 인생의 해답이라는 생각에 모든 신경이 주식에 집중돼 있었다. 출퇴근 길에도, 친구들을 만날 때도, 가족과 대화할 때도 늘 머리 한구석에는 주식이 자리 잡고 있었고, 주식에 관한 대화 아니면 흥미가 안 생길 지경이었다. 근무시간에도 주식 차트에서 눈을 떼기 어려웠고 당연히 업무 집중도가 저하되면서 실수도 잦아졌다. 요즘 말로 표현하면 주식 도파민 중독에 빠진 것이다.

퇴사 욕구가 몰려왔다. 주식으로 더 큰 수익을 내지 못하는 원인이 회사에 있다고 생각했다. 그냥 퇴사하고 전업 투자하는 게 낫지 않을까? 회사에 있는 시간이 너무 아까웠고 회사를 향한 이유 없는 불만들이 쌓여갔다. 그러던 어느 날 인스타그램 개인 계정을 정리하다가 우연히 예전에 쓴 일기를 보았다. 취준생 시절에 쓴 글이었다. 과거의 나는 일에 대해 이렇게 이야기하고 있었다.

'주위에는 일하는 게 힘들다, 퇴사하고 싶다는 사람이 많은데 나는 일이 정말 하고 싶다. 가져보지 못한 것에 대한 욕심일지도 모르지만 지금 나의 가장 큰 소원은 취직하는 것이다. 많은 것을 바라지 않는다. 그저 먹고살 만큼 최소한의 수입이 있다면 더할 나위 없이 좋겠다. 안정적인 수입만 있다면 너무 감사할 것 같다.'

'오랜 고생 끝에 취업에 성공했다. 마냥 감사할 따름이다. 지금의 성취를 위해 그 긴 시간 고생한 것 같다. 열심히 노력해서 성장하다 보면 또 좋은 기회가 있지 않을까? 내가 속한 분야에서 성장하기 위해 노력할 것이다. 감사함으로 모든 일에 최선을 다하자.'

마음이 먹먹해졌다. 일을 대하는 나의 초심이었다. 취업에 대한 간절함. 일할 수 있다는 감사함. 성장하겠다는 목표와 다짐. 시간이 흐르면서 초심은 온데간데없고 오로지 돈에만 목매는 내 모습이 한심해 보였다. 주식 실력도 변변치 않으면서 시장 상승세에 힘입어 수익 좀 냈다고 노동의 가치를 우습게 여기는 모습에 부끄러웠다. 일의 가치에 대해 다시 한 번 돌아봤다.

어렸을 때부터 일 욕심이 많았다. 성장에 대한 욕심이 컸다는 게 정확할 것 같다. 한 분야에서 꾸준히 노력해서 전문가가 되고, 성공한 사람으로서 책도 내고 강의도 하는 것이 꿈이었다. 일의 목적은 '성장'에 있었지 '돈'에 있지 않았다. 그런데 실시간으로 오르내리는 숫자만 좇다 보니 내가 꿈꾸던 소중한 가치를 놓치고 있던 것이다.

모든 수입을 투자에만 의존하는 것은 재테크 관점에서도 좋은 선택이 아니었다. 근로소득의 기반 없이 투자에만 의존하다 보면 불안감에 시달리게 된다. 매달 일정하게 주어지는 근로소득과 달리 주식은 몇 배로 오를 수도 있지만 반대로 휴지 조각이 될 위험도 있다. 불안감이 커질수록 냉정함을 유지하기 어려워 같은 실수를 반복하게 된다. 버텨야 할 때 **손절***하거나, 기다려야 할 때 성급히 수익 실현하고, 계속 오른다고 무리하게 **추격매수**** 하다가

---

* 손해를 감수하고 자산을 매도하는 것.

** 자산의 가격이 올라갈 때 앞으로 가격이 더 올라갈 것이라고 생각하고 추가로 매수를 하는 것.

물리기[*]를 반복한다. 근로소득이라는 든든한 수입원이 없으면 빨리 성과를 내야 한다는 압박감에 시간적 여유를 갖고 안정적으로 투자하지 못하는 것이다.

또 다른 관점에서 투자는 나이가 들어서도 얼마든지 할 수 있다. 주식과 부동산 시장은 미래에도 이어지고 있을 것이고 기회는 계속해서 주어질 것이다. 그러나 일할 수 있는 시간은 한정적이다. 나이를 먹을수록 일하고 성장할 기회는 점점 줄어든다. 작가 활동도 마찬가지다. 지금이야 퍼스널 브랜딩과 SNS 마케팅 열풍에 힘입어 인스타그램을 통해 많은 관심을 받고 있지만, 지금의 기회를 놓치면 언제 다시 활동할 수 있을지 불확실하다. 이런 생각들 속에서 한 가지 결론을 내릴 수 있었다.

"지금은 투자보다 일에 더 집중하자."

현재 나는 노동과 투자 비율을 8대 2 수준으로 유지하고 있다. 당장은 일에 집중하는 것이 어리석어 보일 수 있다. 더 큰돈을 만들 기회를 놓치는 것 같고, 투자로 대박 났다는 소식을 듣고 있으면 왠지 뒤처지는 것 같아 불안할 때도 있다. 그러나 한 가지 확실한 사실은 노동의 목적과 가치가 수입에만 있지 않다는 것이다. 커리어, 성장, 전문성, 동료와의 우정 등 지금 직장생활을 통해 경

---

[*] 자산을 높은 가격에 매수해 큰 손실을 입은 것을 의미.

험하는 모든 것들이 돈으로는 대체할 수 없는 고유의 가치를 지닌
다고 믿는다.

나는 왜
"내 집 마련"에 집착했는가 ▦ 부동산

재테크를 본격적으로 시작하면서 나름대로 세운 계획이 있다. 우선 2년 안에 시드머니를 모으는 계획이다. 목표 금액은 1억 원이었다. 1년에 5,000만 원씩 2년을 모으면 1억 이상의 돈을 모을 수 있다는 계산이 있었다. 다음으로 33세 안에 수도권에 내 집 마련하기였다. 1억 조금 넘는 자금에 LTV*를 80%로 고려해 최대로 대출을 끌어모아도 5억 넘는 집은 현실적으로 어려웠다. 그래서 우선 당장 고가의 '대장 아파트'(금액이 가장 높은 아파트)를 노리기보다 4~5억 사이의 똘똘한 아파트 한 채를 실거주용으로 매수하는 것이 두 번째 계획이었다. 마지막 계획은 35세 안에 서울에 입성하는 것이다. 아무래도 가족, 친구 등 모든 인적 기반이 서울에 있

---

* Loan To Value Ratio의 약자로, 주택담보대출비율을 의미. 매매한 부동산에 대해 가능한 대출금의 비율을 뜻한다.

고 인프라도 집중된 곳이기에 서울에 거주하고 싶은 욕심이 있었다. 정리하면 꾸준히 재테크해서 서른다섯이 되기 전까지 서울에 내 집 마련하는 야심 찬 계획을 세웠었다. 재테크의 중간목표가 내 집 마련하기였던 것이다.

내 집 마련에 열을 올린 데는 나름의 이유가 있다. 나의 20대는 집 없는 서러움으로 가득했다. 원래도 가정형편은 어려웠지만 스무 살이 되던 해 가세가 급격히 기울면서 살던 집을 처분하고 다세대주택에서 월세를 살았다. 단칸방과 다름없는 작은 집에서 여자 셋이 살아야 했다. 화장실은 집 밖에 있어서 씻기 불편했고 오래된 집이다 보니 환경적으로도 좋지 않았다. 도저히 지내기 어려워서 무리를 해서라도 조금 더 넓은 전셋집으로 이사했다.

이사 간 집은 어렸을 때부터 지내던 동네라서 익숙하고 편안했다. 환경은 좋았지만 집주인과의 사이는 좋지 못했다. 도배, 수도 등 집에 문제가 생겨도 고쳐주지 않고 알아서 해결하라고 했다. 게다가 2014년 부동산 시장이 좋지 않던 시절에도 전세금을 올려달라고 성화였다. 이사를 나가던 날에도 원래 고장 나 있던 초인종과 몇 가지 소모품을 고쳐 놓지 않으면 보증금을 돌려주지 않겠다고 으름장을 놓았다. 결국 2년을 겨우 채우자마자 쫓겨나듯 나와야 했다. 집값이 많이 떨어져서 작은 구축 아파트라도 사야 하나 고민했지만 돈이 부족해서 다시 전세로 살았다.

이전보다는 여러모로 경제적 상황이 나아지면서 방 세 개의 빌라로 이사 갈 수 있었다. 집주인은 필리핀에 거주해서 그 가족들이 대신 집을 관리해줬기 때문에 집주인과 특별한 마찰도 없었다. 그런데 계약할 때는 발견하지 못했던 문제가 살면서 발견됐는데 바로 곰팡이었다. 오래된 빌라인 데다 햇빛도 잘 안 들다 보니 집안 곳곳에 곰팡이가 생겼던 것이다. 전세 계약 특성상 임차인이 잘 관리하지 못해 발생한 피해는 임대인이 원상복구를 요청할 수 있는데 혹시 우리에게 요청하지 않을지 스트레스였다. 그렇게 4년을 그 집에서 살았고 그마저 집주인이 귀국하면서 집을 비워줘야 했다. 그 뒤로도 두 번 더 이사를 다녀서 10년간 다섯 번의 이사 끝에 지금 살고 있는 집에 정착했다. 다행히 엄마가 10년간 절약하며 모은 돈이 제법 있어서 현재는 자가로 살고 있다.

10년간 여기저기 이사 다니면서 안정적으로 거주할 수 있는 내 집 마련의 필요성을 절감했다. 주거가 안정되지 않으면 잦은 이사, 집주인과의 마찰 등으로 인한 스트레스에서 자유로울 수 없다. 세입자를 보호하는 제도들이 많이 마련됐지만 여전히 을의 입장에서 느끼는 설움을 감내해야 한다. 내 집 마련을 재테크의 중간목표로 갖게 된 이유다.

절약과 더 벌기를 병행하면서 일단 1억만 모으면 집을 살 수 있을 것이라 순진하게 생각했다. 인스타그램 덕분에 예상보다 빨리 1억을 모았고 본격적으로 집을 알아보기 시작했다. 그런데 이게 웬걸. 돈을 모았더니 이번엔 부동산 시장이 문제였다. 금리가 최대 7~8%까지 치솟으면서 실거래가는 연일 하락했고, 기존에 팔린 분양권마저 **마이너스 피**[*]를 안고 시장에 매물이 속출했다. 잘못하다가는 부동산으로 큰 손해를 볼 수도 있겠다는 생각이 들었다. 급매를 잘 잡으면 유리하다는 얘기도 있었지만 아직 부동산 공부를 제대로 못한 상태로 좋은 매물을 분별하기가 어려웠다.

시장이 불안하다고 손 놓고 있을 수는 없는 법. 이번에는 적극적으로 부동산 시장을 공부해보기로 했다. 기회는 저절로 찾아오는 게 아니라 스스로 만들어 가는 것이다. 당장은 시장도 불안하고 자금 사정도 넉넉지 않아서 선택지가 적다. 그러나 부동산 시장도 바닥을 다지고 다시 반등할 때가 올 것이니 그때 기회를 잡기 위해 지금부터 꾸준히 공부하고 알아보기로 했다.

---

* 분양권을 팔 때 당첨된 금액보다 낮은 금액으로 분양권을 팔아야 하는 부동산 현상.

어떤 집에 청약하는 것이 유리할까?

요즘 분양가가 높다던데

그럼 청약은 하면 안 되는건가?

청

약

분양가 상한제가 해제되면서
이런 이야기들이 종종 나오곤 합니다

고분양가에 미분양 우려

청약 무작정 받았다 낭패

청약 당첨자 마피 전매 속출

뭐야... 청약 되면 무조건 좋은 거 아니었냐고...

청약 분양가 분석이 전보다 더 중요해진 요즘!

그래서 준비했습니다!

적정 분양가
점검하는
합리적인 방법

이번에도 완전 쉽게
알려드릴게요!

먼저 분양가의 안전마진을 계산할 수
있어야 합니다

안전마진이란 집을 분양받는 시점에
즉시 얻을 수 있는 시세차익을 의미합니다

| 시세 | ➖ | 분양가 | ➗ | 안전마진 |

바로 이렇게 되는 것이지요!

그런데 말입니다...
일반적으로 분양 공고를 낼 때

주택형	공급금액(최고가 기준)
059.9921A	86,900
059.9968B	85,800
059.9316C	86,900
084.9087A	117,900
084.8353B	116,600
084.9060C	117,900

이렇게 분양 공고를
내는데요!

사실 표면적으로
드러나는 것 외에

추가로 고려할 사항이
더 있다는 걸 아시나요?!

바로 이 두 가지를 고려해야 합니다!

각종 옵션 비용

중도금대출이자 후불제

아파트 건설기간 중 이자를
누가 부담하는지 미리 확인해야 함!

발코니 확장

각종 추가 수납장
(Ex. 냉장고장)

시스템 에어컨

1. 무이자
건설 기간 중 이자를 건설사가 부담

이자 ❌

건설사 / 분양자

2. 이자 후불제
건설 기간 중 이자를 분양자가 부담

이자

건설사 ❌ / 분양자

이 세 가지 요소를 모두 고려한 후
안전마진을 계산해야

보다 정확한 시세차익을 파악할 수 있습니다

여러 요소를 고려하여 안전마진을 계산했더라도
주위 시세가 고평가되었을 수 있기 때문에

해당 분양 지역 외
근처 동네의 시세도 동시에 파악하면 좋습니다

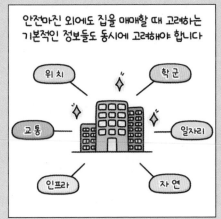

안전마진 외에도 집을 매매할 때 고려하는
기본적인 정보들도 동시에 고려해야 합니다

집 살 때
안 보면 후회하는 6가지 🏛 부동산

부동산에 관심을 가지고 공부하기 시작했을 때 생각보다 내가 부동산에 대해 많이 알고 있다는 사실에 놀랐다. 다섯 번 이사 다니며 엄마와 함께 부동산 문을 두드렸고, 임장을 다니며 알아보고, 협상하고, 검토하는 과정 속에서 알게 모르게 쌓인 지식이 많았던 것이다.

'좋은 집'이란 어떤 집일까? 임차인과 매수자의 시각은 완전히 다르다. 임차인은 당장 살기 좋은 집을 선택하는 것이 일반적이다. 현재 다니는 직장, 학교와 가까우면서 교통이 편리하고 인근 편의시설이 잘 갖춰져 있어 생활이 편리한 집이 좋은 집이다. 매수할 집을 알아본다면 이야기가 다르다. 장기적으로 투자가치가 좋아야 한다. 부동산으로 큰 차익을 내겠다는 계획은 아니더라도 최소한 물가상승분 만큼은 가격 상승이 기대되는 집을 선택해야 손해 보지 않는다. 그렇다면 부동산 투자가치는 어떻게 판단해야 좋을까? 다음의 여섯 가지 요소를 중심으로 살펴보자.

1) 위치

집의 가격을 결정하는 주요 요소 중 하나는 서울로부터의 거리이다. 서울 중심지까지의 거리가 멀고 접근성이 떨어지면 집값이 비교적 낮게 형성되는 경향이 있다. 같은 서울에서도 지역에 따라 집값의 편차가 크다. 최근 집값이 빠질 때도 위치가 좋은 집들은 덜 빠지거나 오히려 오르기도 했다. 서울 중심 인근은 수요가 꾸준히 높기 때문에 집값이 잘 빠지지 않고 장기적으로도 오를 가능성이 높다.

2) 교통

위치가 조금 멀더라도 교통이 편리하다면 접근성이 개선되어 위치적 결점을 보완할 수 있다. 지하철이나 광역철도 노선은 특히 집값에 중요한 요소로 작용하는데, 역에서 도보로 이동 가능한 역세권이면 교통의 이점을 제대로 누릴 수 있다. 매수하려는 집의 교통 인프라가 얼마나 좋은지도 주의 깊게 살펴봐야 한다.

3) 일자리

근처에 양질의 일자리가 얼마나 풍부한지도 집값에 영향을 미친다. 대표적인 지역이 경기도 수원이다. 수원 지역경제는 삼성이 먹여 살린다는 말이 있다. 수원에 위치한 대기업이 수만 개의 일자리를 제공하기에 직원들이 직주근접(직장과 집의 거리가 가까운 것을 의미하는 말)을 위해 수원에 보금자리를 마련하면서 높은 집값을 형성하게 됐다. 이처럼 일자리가 몰려 있는 지역은 수요가 풍부해 집값이 안정적으로 유지될 것으로 기대할 수 있다.

4) 학군

강남 지역이 높은 집값을 기록하는 데는 여러 요인이 작용하지만 그중 학군도 빼놓을 수 없다. 강남 8학군이라는 말이 있듯이 강남에는 교육 관련 인프라가 밀집돼 있다. 양질의 교육을 제공하는 기관이 많다 보니 성적이 우수한 학생들이 모이게 되고, 경쟁력 있는 집단이 형성되는 것이다. 맹모삼천지교라고 주변 환경이 교육에 미치는 영향이 크기 때문에 자녀 교육을 중요하게 여기는 한국 사회에서 좋은 학군은 주거지를 결정할 때 가장 중요하게 고려하는 요소가 된다.

5) 인프라

슬세권이라는 말이 있다. 슬리퍼를 신고 갈 수 있는 가까운 거리에 편의시설(편의점, 헬스장, 마트 등)이 있는 지역을 의미한다. 집 주위에 편의시설이 많을수록 생활에 대한 만족도가 자연스럽게 올라간다. 집을 매수하기 전에 인근 생활 인프라가 얼마나 잘 갖

취져 있는지도 꼭 확인하자.

6) 자연

주위에 자연과 관련된 환경이 얼마나 조성돼 있는가에 따라 선호가 달라진다. 산책하기 좋은 공원부터 산, 호수, 강 등 인근에 자연환경이 잘 갖춰져 있는 곳은 주거지로서 인기가 높을 수밖에 없다. 자연환경은 주변 경관에도 큰 영향을 미친다. 한강 근처 아파트의 경우 한강뷰 여부에 따라 수억, 수십억이 차이 나는 경우도 있다. 따라서 주변 자연환경도 꼼꼼히 살펴볼 필요가 있다.

그 외에도 집의 방향이 남향이어서 채광이 좋거나 높은 층에 위치한 경우 생활에 대한 만족도가 더 높기 때문에 더 높은 가격이 형성되기도 한다. 또한 같은 가격이어도 대단지일수록 부동산 상승장에서 상승폭이 더 크므로 가급적 700세대 이상을 보유한 단지 아파트를 구매하는 것이 유리하다. 또한 구축 아파트의 경우 재건축의 사업성을 고려할 때 낮은 용적률과 대지지분을 보유할수록 큰 시세차익을 얻을 수 있어, 함께 검토할 필요가 있다. 이렇게 집값은 여러 측면에 의해 복합적으로 결정된나는 것을 알 수 있다. 따라서 다양한 요소를 복합적으로 고려해서 장기적으로 가격이 오를 집으로 신중하게 결정하자.

청약, 이렇게만 하면
로또 당첨보다 낫습니다 🏛 부동산

로또보다 청약 당첨이 낫다는 말이 있다. 22%의 제세공과금과 신변 위협이 가해지는 로또와 달리 세금도 없고 당첨과 동시에 큰 수익이 보장되는 청약이 더 이득이라는 뜻이다. 주위 시세보다 최대 50%까지도 저렴하게 나오는데 조건이 좋은 청약은 경쟁률이 만 단위까지 오르기도 한다. 남들이 다 하는 것 중 따라 할 만한 건 실손보험 가입과 청약 넣기뿐이라는 우스갯소리도 있다. 이처럼 한동안 청약은 무주택자의 희망이자, 복권에 버금가는 기회로 추앙받았다.

그런데 이랬던 청약에 빨간불이 들어오기 시작했다. '분양가 상한제'가 일부 개편 및 완화되었기 때문이다. 분양가 상한제란 신축 아파트를 분양할 때 금액의 상한선을 두어 서민들의 내 집 마런 부담을 줄여주는 부동산 정책이다. 평범한 시민이 근로소득으로 10억짜리 아파트를 구매하기란 불가능에 가깝다. 그러나 분양을 통해 6~7억 사이에 매수할 수 있다면 자금 마련도 비교적 수월하고 시세차익도 낼 수 있기 때문에 전반적인 부담이 줄어들게 된다. 국민의 내 집 마련을 지원하는 취지의 분양가 상한제가 완화되고 있는 이유는 무엇일까?

결론부터 얘기하면 물가 상승 때문이다. 코로나 이후 시장에 풀린 천문학적인 유동성에 더해 공급망 문제와 국제분쟁까지 겹치면서 전 세계는 물가 상승으로 고통받고 있다. 특히 건설자재 가격 상승이 두드러지면서 건설 시장이 큰 타격을 받았다. 레미콘, 철강 등 자재 가격이 치솟았고 인건비도 큰 폭으로 상승하면서 건설사의 부담이 가중됐다. 건설 비용은 상승하는데 분양가 상한제로 분양가는 높일 수 없게 되자 건설사와 재건축 조합이 그 손해를 떠안게 된 것이다. 재건축 사업의 이윤이 줄면서 사업 건수도 같이 줄어들었고 결국 공급은 줄어드는데 수요는 커지면서 청약 경쟁률이 폭등했다. 결국 이러한 비정상적인 구조가 지속됨에 따라 분양가 상한제도 완화되는 방향으로 흘러가게 된 것이다.

청약 시장 분위기도 달라졌다. 과거에는 청약에 당첨만 되면 대박이라는 인식이 강했는데 어느 순간 청약으로 오히려 손해 봤다는 사람들이 속출했다. 부동산 시장이 침체 국면에 들어섬에 따라 상황은 더욱 심각해졌다. 상승한 분양가 탓에 청약 인기는 시들해졌고 미분양 물량이 늘어났다. 게다가 주변 시세가 급격히 떨어진 탓에 시세가 분양가보다 낮게 형성되고 마이너스 피가 나타나기 시작했다. 이제는 청약도 손해 보지 않으려면 잘 골라서 지원해야 된다는 공감대가 형성됐다.

청약에서 손해 보지 않으려면 '안전마진'을 잘 계산할 줄 알아야 한다. 안전마진이란 집을 분양받는 순간 얻을 수 있는 시세차익으로, 시세에서 분양가를 뺀 차액을 의미한다. 말 그대로 안전하게 얻을 수 있는 부동산 마진이라고 보면 된다. 일반적으로 분양 공고를 보면 주택 타입에 따른 공급금액이 명시돼 있다. 안전마진을 구하기 위해 주위 시세를 볼 때는 분양 지역의 대장 아파트와 근처 동네의 시세를 동시에 파악하는 것이 좋다. 특별한 이유로 시세에 차이가 있지 않은지, 혹은 일시적 호재로 인한 급등으로 인해 향후 조정받을 가능성이 있지는 않은지 미리 파악해야 하기 때문이다. 특히 서울의 경우 같은 지하철 라인의 대장 아파트 시세를 살펴보면 좋다. 시세를 구한 후 명시된 분양가를 바로 제하는 경우가 많은데 추가로 고려해야 하는 두 가지 요소가 있다. 각종 '옵션 비용'과 '중도금 대출이자 후불제'이다.

먼저 신축 아파트의 옵션 비용을 고려해야 한다. 아파트 옵션은 발코니 확장, 시스템 에어컨, 붙박이 수납장 등 아파트 건설에 필수는 아니지만 소비자의 요구에 의해 추가할 수 있는 각종 옵션 요소다. 단순하게 '옵션 추가 안 하면 되지'라고 생각할 수 있지만 옵션을 추가하는 게 유리한 경우들이 있다. 예를 들어 거실이 좁아 발코니 확장을 하지 않으면 생활하기 불편한 경우, 혹은 수납 공간이 부족해서 옵션으로 추가하는 것이 나은 경우다. 발코니 확장을 계약 조건상 의무로 규정하는 경우도 있는데 이 경우에는 더욱 꼼꼼하게 옵션 비용을 확인해야 한다.

중도금 대출이자도 계산해야 한다. 과거에는 아파트 중도금을 대출로 납부할 때 건설 기간 동안의 이자를 건설사가 부담했었다. 건자재의 가격이 지금처럼 치솟기 전이기도 하고 기존에는 대출 이자가 낮았기 때문에 건설사가 부담해도 크게 문제되지 않았던 것이다. 그러나 물가 상승과 금리 인상 이후에는 아파트 건축 사업성이 크게 악화되면서 대안으로 그간 건설사가 부담하던 대출 이자를 분양자가 부담하도록 한 것이다. 이것이 바로 중도금 대출이자 후불제이다. 기본적으로 아파트 중도금 대출은 아파트 건설 기간이 긴 데다 동시에 그 금액이 크기 때문에 부담해야 하는 이자가 수천만 원에 육박한다. 따라서 이 금액 또한 꼼꼼히 따져서 안전마진을 구할 때 포함시켜야 한다.

안전마진 외에도 앞서 설명한 여섯 가지 요소를 복합적으로 고려하여 향후 집값이 상승할 여지가 큰 집을 선택한다면 청약으로 인해 손해 볼 가능성은 현저히 낮아지고 이득을 볼 가능성은 높아질 것이다.

불나방 주식 투자의 최후　주식 투자

2020년 주식에 처음 입문했을 때의 일이다. 시작하자마자 코로나의 여파로 보기 좋게 실패했다. 계좌에 찍힌 수익률은 -60%. 대책 없는 숫자였지만 손 놓고 있을 수는 없었다. 빠른 복구를 위해 원유 지수에 연동되는 ETN 상품에 집중 투자했다. 그리고 1부에서 밝힌 것처럼 이 투자를 통해 그동안의 손실을 만회하는 데 성공했다. 문제는 그다음이었다. 여기서 멈췄어야 했는데 그렇지 못했던 것이다.

치솟은 원유값은 등락을 반복했다. '아! 치솟기 전에 투자했으면 수익률이 얼마일 텐데!' '아! 이렇게 떨어질 줄 알았으면 인버스에 빨리 투자할걸!' 이미 지나간 기회들에 아쉬움이 밀려왔다. 그렇게 아쉬움을 느끼기도 잠시, 등락을 거듭하던 원유의 가격이 꾸준히 상승하기 시작했다. '이번에도 다시 떨어지겠지. 지금이 고점이야. 보지 말자. 생각하지 말자.' 멘탈을 강하게 붙잡았다. 이미 오를 대로 오른 주식을 매수하는 것은 리스크가 너무나 크다고 느꼈고 원유와 관련된 상품에 투자하는 것은 포기했다.

그런데 이게 웬걸. 원유 가격은 멈출 줄 모르고 끝없이 치솟았다. 게다가 전쟁까지 터졌다. 대형 산유국인 러시아의 수출길이 막히면서 원유 부족 사태가 발생했다. 마음이 조급해졌다. 지금 당장 이 상품에 투자하지 않으면 '벼락거지'가 될 것 같았다. 결국 원유 가격은 당분간 떨어지지 않으리라 확신하며 원유 ETN을 다시 매수했다. 2년 전 18달러였을 때보다 약 여섯 배가 오른 123.7달러에서 말이다. 그러나 가격이 영원히 오르기만 하는 재화는 없는 법. 이내 정점을 찍고 떨어지는 원유값과 함께 나의 계좌도 녹아내렸다.

속수무책으로 떨어지는 가격과 점점 불어나는 손실을 바라보며 생각했다. 공부하지 않고 대책 없이 하는 추격매수만큼 위험한 것은 없다. 오를 것 같다는 근거 없는 확신에 취해 감정적으로 대처한 것이 가장 큰 문제였다. 이 사건을 통해 종목에 대해 가지고 있는 확신이 감정에 의한 확신인지, 자료와 데이터에 기반한 논리적인 확신인지 구분할 필요가 있다는 것을 깨달았고, 다시 처음으로 돌아가 주식 공부를 시작했다.

신의 계시처럼 따르던
유료 리딩방을 나오다 주식 투자

친구의 추천을 통해 무료 리딩방에 들어간 적이 있다. 주식 고수들을 따라 함께 매수/매도를 하다 보면 노하우도 배우고 성장할 것이라는 막연한 기대를 품고 시작했다. 신호에 맞춰 투자하자 안정적인 수익이 났다. 손절할 때도 가끔 있었지만 큰 문제는 없었다. 결론적으로 계좌는 늘어났기 때문이다.

다만 속도가 더디다 보니 조급함이 찾아왔다. 무료 리딩방으로는 만족하기 어려웠다. 유료 결제를 하면 시원시원하게 수익을 올릴 수 있을 것 같았다. 그렇게 입장한 유료 리딩방에서는 무료방에 비해 한발 앞서 신호를 줬고 당연히 계좌는 더욱 빠르게 성장했다.

그러던 어느 날 잘 나가던 유료 리딩방에도 먹구름이 찾아왔다. 시장의 흐름이 급격하게 나빠진 것이다. 모든 투자 시장의 흐름에는 상승과 하락이 있다. 저금리와 유동성에 힘입어 오를 대로 오른 주식 시장은 금리 상승과 함께 자금 이탈이 일어나기 시작했다. 코스닥과 코스피는 연일 큰 폭의 하락을 기록했고 유료 리딩방도 타격을 피할 수 없었다. 매수, 매도만 하면 차곡차곡 수익이 쌓였는데 어느 순간 매수 신호만 올 뿐 매도 신호는 오지 않았다. 수익이 난 종목이 사라졌기 때문이다. 심지어 몇십 퍼센트의 손실을 기록한 종목을 손절하라고 종용했다. 처음에는 이게 맞는 선택이라며 과감히 손절했지만, 그 금액으로 매수한 다른 종목도 맥을 추리지 못하고 다시 손절 신호가 오자 불안감이 몰려왔다.

사람들은 항의하기도 했지만 모든 투자는 본인의 선택으로 이루어지는 거라 다른 사람에게 책임을 물을 수도 없었다. 그는 괜찮다고, 기다리면 곧 오를 것이라고 안심시켰지만 여전히 손실 규모는 커져갔고 불안함을 떨쳐낼 수 없었다. 돌이켜보면 얼굴도 모르는 사람의 신호에 전 재산을 걸고 도박하듯이 주식했으니 그동안 불안감을 못 느낀 게 오히려 대단했다는 생각이 든다. 며칠 더 불안감에 시달리다가 다른 방법을 모색해야겠다는 생각에 남은 기간을 환불받고 방을 나왔다. 공부를 하겠다고 들어갔던 처음의 포부와 다르게 그 방을 나왔을 때 남은 것이라곤 손실 가득한 계좌뿐이었다.

유료방에서 퇴장한 후 나의 실수가 무엇인지, 끝없는 불안감의 원인이 무엇인지 복기했다. 가장 먼저 떠오른 이유는 시장 흐름에 대한 이해가 없었다는 것이다. 모든 투자시장은 상승이 있으면 하락도 따라오기 마련이다. 천년만년 오르기만 하는 종목은 없다. 이 자명한 사실을 놓치고 있었다. 매수 신호에 매료되어 눈앞의 이익만 따른 결과 이 자리가 저점인지 고점인지도 파악하지 않고 달려든 것이다. 그 결과로 고점을 지나 바닥이 어디인지도 모를 롤러코스터를 타며 손실을 고스란히 받아내야 했다.

두 번째 이유는 스스로 판단하지 않았다는 사실이다. 유료방에 있는 동안 한 것이라고는 신호가 오길 기다리고, 시키는 대로 한 것이 전부였다. 사라면 샀고 팔라면 팔았다. 스스로의 고민과 판단은 없었다. 그러다 보니 위기 상황에 대처할 수 없었다. 스스로 공부해서 확신을 가지고 투자했다면 주가가 조금 빠져도 다시 오를 것을 믿고 버텼을 텐데 확신이 없다 보니 버틸 수 없었다. 결국 두려움을 이기지 못하고 손절하기 일쑤였다. 나중에 안 사실이지만 그때 성급히 손절한 종목들은 하락장이 마무리될 무렵 대부분 수익권으로 돌아왔었다. 뼈아픈 손절을 통해 스스로 공부해서 판단하고 투자해야 한다는 핵심을 깨달았다.

마지막 이유는 현금 보유 비중을 유지하지 않았던 점이다. 당시 나날이 고공행진하던 주식시장을 맹신하며 전 재산을 주식에 '몰빵'했었다. 계좌에 남아 있는 현금은 말 그대로 0원이었다. 주가가 급등할 때는 행복했지만 하락장에 들어서니 속수무책이었다. 손해 난 종목에 물타기 할 수도 없었고 매력적인 가격이 된 종목에 새로 진입할 수도 없었다. '이러다 다시 올라가면 어쩌나…' '아니지, 더 떨어지는 게 문제 아닌가…' 하는 생각 속에 매일 혼란스럽고 불안했다.

결국 이 과정을 통해 이런 결론에 이르렀다. 먼저 스스로 공부해야 한다는 것이다. 남이 해준 것을 받아먹는 것은 의미가 없다. 스스로 신문과 자료를 찾아서 공부하고 판단해야 확신을 가지고 투자할 수 있다. 다음으로는 세부 종목만큼이나 시장의 흐름 또한 중요하다는 점이다. 아무리 유망한 종목도 시장 자체에서 자금이 빠져나가거나 지정학적 리스크를 마주하면 살아남기 어렵다. 거시적인 관점에서 시장을 이해하고 대처하는 것도 중요하다. 마지막으로 현금 보유 비중을 일정 수준 유지하는 안전한 투자활동을 해야 한다는 것이다. 지금 당장 다 투자하지 않으면 큰 손해일 것 같지만 실상은 그 반대인 경우가 많다.

오늘이 지나가면 내일도 기회는 온다. 성급하게 투자하면 반드시 후회하게 된다. 조금의 수익을 포기하더라도 안전하게 투자하는 길이 현명하다. 이런 결론들을 바탕으로 다시 한 번 주식 투자 계획을 세웠다.

영끌, 빚투보다 벼락거지가 낫다 🏛 주식 투자

주식과 부동산 시장이 전례 없는 활황을 보일 시기였다. 끝을 모르고 오르던 상승장에 '벼락거지'란 표현이 등장했다. 벼락거지란 자신의 자산과 소득에는 큰 변화가 없지만 주위 부동산, 주식, 코인 등의 자산 가격이 급격하게 상승함에 따라 상대적인 자산 수준이 줄어든 사람들을 일컫는 말이다. 즉 재테크에 적극적으로 대응하지 않은 결과로 나만 자산이 늘지 않은 듯한 느낌에 상대적 박탈감을 느끼는 현상이다.

주위 사람들의 소식이 들리고, 유튜브와 SNS에 재테크 성공신화가 도배되기 시작했다. 너 나 할 것 없이 '이것 하나로 경제적 자유를 얻었어요'라는 문구를 전면에 내세웠다. 사람들의 마음은 동요했다. 하이리스크, 하이리턴. 무거운 리스크를 짊어져야 할 시기가 바로 지금인 듯한 느낌이었다. 무엇이라도 해야 한다, 주식이든 부동산이든 지금이라도 들어가야 한다는 의견이 지배적이었고 수많은 젊은이들이 '영끌'(영혼까지 끌어모은 자금으로 투자한다)과 '빚투'(빚을 내서까지 투자한다)에 목숨을 걸기 시작했다.

처음엔 큰 문제가 되지 않았다. 상승을 이어가던 시장은 관성의 법칙에 힘입어 계속해서 상승세를 이어갔기 때문이다. 그러나 이 세상에 영원한 상승장은 없다. 고고하게 올라가던 시장의 방향도 하락세로 그 방향을 틀었다.

주요한 원인으로는 금리가 있었다. 코로나 초기, 경기 침체를 막기 위한 방법의 일환으로 초저금리 대출이 진행되었다. 대출금리 1%대 시대가 열리는 한편 예금 이율은 1%도 채 넘기지 못하는 현상이 나타났고 대출을 받아 투자를 하지 않으면 바보가 되는 형국이었다. 그러나 경기 침체는 막았지만 물가 상승을 막지 못한 정부는 금리 인상을 단행하게 되었고 이는 자연스레 투자자들의 부담으로 이어졌다.

특히 부동산의 경우는 금리에 굉장히 민감하게 반응하는 시장이자 투자처이다. 대부분의 부동산 투자는 대출을 동반한다. 10억짜리 집을 산다고 하면 4억은 모아놓은 자기자본으로 투자를 하되, 나머지 6억은 대출로 자금을 끌어오는 형식이다. 만약 6억을 대출받으면 연이자 1%라고 가정했을 때 1년 동안 내야 하는 이자는 600만 원, 월 50만 원이다. 그런데 만약 이율이 5%까지 치솟는다면 어떻게 될까? 1년간 내야 하는 이자는 3,000만 원, 월 250만원이다. 부담해야 하는 이자가 무려 다섯 배가 되는 것이다. 실제로 부동산 상승장에 무리해서 대출을 끌어오고 투자를 감행한 젊은 청년층의 개인 파산신청 혹은 주택 경매 등이 이어지고 있다고한다. 큰 수익을 얻기 위해서 '빚투'라는 리스크에 인생을 걸어보았지만 돌아온 건 큰 손해인 것이다.

수많은 사람들이 '빚투를 후회한다'는 메시지를 전한다. 이러한 현상들을 보면서 생각했다. 투자는 반드시 안정적으로 해야 한다고 말이다. 사실 리스크 있는 투자를 통해 큰 수익을 벌어들일수 있는 것이 100% 보장만 된다면 큰 문제가 되지 않는다. 그러나100%의 성공을 보장하는 투자는 없다. 리스크를 감수했을 때 어떤 결과가 돌아올지는 그 누구도 알 수가 없다. 성공할 확률만큼실패할 확률 또한 높기 때문이다. 그래서 나는 '지키는 투자'를 하기로 했다. 안정적인 투자처에, 안정적인 방법으로 투자를 하는 것이다. 투자를 하면 할수록 느끼는 것은 지키는 것 또한 실력이라는 점이다. 투자를 잘못해서 큰 손해를 입는다면 설사 벼락거지라느낀다 해도 투자를 하지 않는 편이 더 나을 수 있다. 안정적인 투자를 위해서는 더욱 투자 대상에 대해 공부하고 실전에 돌입해야한다는 다짐을 하게 되는 순간이었다.

그렇다면 대체
어떤 주식에 투자하란 건가요? 주식 투자

'무지성'(생각 없이 무조건 진행하는 일을 뜻하는 은어) 주식 투자에 시간을 허비하고 난 후 주식에 대한 원칙을 기초부터 세워가기로 했다. '주식회사'의 기본적인 원리에 착안해서 정석적으로 투자하는 게 어떤 것일지 생각했다.

현대 주식회사의 시초는 동인도회사들이었다. 해외무역은 자본이 많이 필요한데 리스크가 높은 사업이라서 투자를 받기 어려웠다. 은행이나 자본가들은 위험이 높은 사업에 무리하게 돈을 빌려주기보다는 안정적으로 수익을 창출하길 원했다. 그래서 동인도회사들은 주식을 발행해서 위험도를 분산시킴으로써 투자금을 모았고 무역의 수익을 투자 비율대로 나눠줬다.

이것이 주식회사의 시작이다. 결국 어떤 회사가 주식을 발행한다는 것은 공격적으로 사업을 확장하기 위해 자금이 많이 필요하며 투자자들에게는 투자 금액에 따라 수익을 배분하겠다는 의미이다.

주식회사의 개념으로부터 주식 투자 시 고려할 두 가지 기준을 세울 수 있었다.

첫째, 수익을 내는 회사 주식을 매수하자. 기업의 목적은 '이윤 창출'에 있다. 만약 어떤 기업이 이익을 내지 못하고 적자만 기록한다면 더 이상 유지될 수 없다. 만약 내가 투자한 기업이 연속해서 적자만 기록한다면 언제든 폐업하거나 상장폐지 될 수 있음을 명심해야 한다. 보통 주식을 매수할 때 저렴한 주식을 매수해야 한다고 말한다. 이 말을 그대로 받아들여 전 고점에 비해 많이 떨어진 주식이나 가격 자체가 저렴한 중소형 주식을 매수하는 경우가 많다. 그러나 저렴한 주식의 진짜 의미는 이 기업이 내는 수익에 비해 주가가 낮은, 저평가된 주식을 의미한다. 주의할 점은 가격이 낮다면 시장이 그렇게 평가하고 있는 이유가 무엇인지 면밀히 살펴봐야 한다는 것이다. 전망이 안 좋거나 망해가는 회사라서 주가가 폭락했을 수 있는데 무턱대고 저렴하다고 저가 매수를 노린다면 오히려 큰 손실을 입을 수 있다.

둘째, 배당금을 지급하는 기업의 주식을 매입하자. 배당금이란 기업이 일정 기간 동안 벌어들인 이익의 일부 또는 전부를 주주들에게 일정 비율로 돌려주는 것을 의미한다. 배당금은 시세차익보다 더 본질적인 투자 목적이다. 게다가 높은 배당금을 지급하는 주식은 배당금을 통해 손실에 대한 위험을 분산시킬 수 있다. 배당금은 시세차익과 무관하게 기업의 영업이익에 따라 일정 금액이 주기적으로 들어온다. 예상치 못한 시장의 흐름으로 수익률이 마이너스로 돌아서더라도 배당금을 통해 일정 손실은 보완할 수 있다. 5% 이상의 안정적인 고배당주 위주로 투자하는 것도 자산을 지키면서 불려나가는 좋은 방법이다. 이 외에도 주식투자를 하면서 나름대로 세운 몇 가지 투자 원칙들을 정리해보려고 한다.

1) 단기투자보다 장기투자

주식의 단기투자 기법은 지향하지 않는다. 이유는 간단하다. 기업이 수익을 내고 성장하려면 충분한 시간이 걸리기 때문이다. 한참 시장을 뜨겁게 달궜던 전기차 시장을 실례로 살펴보자.

전기차가 시장에서 본격적으로 주목받기 시작한 것은 2019년 말의 일이다. 각 기업에서는 전기차 사업에 뛰어들기 위해 훨씬 전부터 기술 연구를 해왔다. 단지 내연기관 차량 생산 감소가 예측되면서 전기차 시장의 큰 성장 예측이 2019년에 나왔을 뿐이다. 그 후로 전기차 관련주 가격은 끝없이 출렁였고, 4년이 지난 2023

년에 드디어 전기차 관련주 영업이익이 가파르게 상승하면서 주가도 함께 치솟았다. 2019년 대비 약 30배 이상 성장한 종목도 있었다.

기업의 성장이 예측되고 나서 실제 성과로 실현되기까지 많은 시간이 필요하고 주식 투자에 있어 이 시간을 인내하는 것 또한 필수다. 단타로는 큰 수익을 내기도 어려울 뿐더러 손실 위험도 높고, 테마성 주식도 변동성이 워낙 높기 때문에 기피하는 편이다. 스스로 공부하고 판단해서 앞으로의 성장이 기대되는 기업에 장기적으로 투자하는 쪽이 더 안전하고 큰 수익을 보장하는 투자법이라고 생각한다.

2) 분할 매수! 분할 매도!

아무리 주식 종목을 신중하게 골랐어도 매번 투자에 성공할 수는 없다. 장기적으로는 우상향하더라도 단기적으로는 등락을 거듭하는 것이 주식이기 때문이다. 1년 뒤 주가가 두 배가 될지 몰라도 당장 내일은 -10%가 될 수도 있다. 따라서 혹시 모를 위험에 대비하기 위해 분할 매수하는 게 좋다.

기준은 사람마다 다르겠지만 나는 보통 총 투자 금액의 3분의 1을 먼저 투자한 후 가격이 5% 이상 떨어질 때마다 3분의 1씩 추가로 매수해서 총 세 번에 걸쳐 투자한다. 분할 매수할 때 계획한 금액을 다 투자하지 않았는데 주가가 가파르게 상승할 수도 있다. 이럴 때는 어쩔 수 없다고 생각하며 그 이상 추격 매수하지 않는다. 시장에 종목은 많고, 투자는 내일도 할 수 있기 때문이다.

매도할 때는 이곳이 고점인지 아닌지 파악하기 매우 어렵다. 따라서 매도 목표 금액을 세 단계로 나누고 목표 금액이 될 때마다 3분의 1씩 차례로 매도한다. 매수할 때와 마찬가지로 목표가에 도달해 3분의 1을 팔았는데 다음날 금액이 치솟는 경우가 발생할 수 있다. 설사 이런 상황이 발생한다 하더라도 이미 떠나간 주식은 내 것이 아니라고 다독이며 다음 투자 기회를 물색해야 한다.

3] 종목 개수는 3~5개 사이

주식을 시작했을 당시 마음에 새긴 문장이 한 가지 있다. 바로 "계란을 한 바구니에 담지 마라"라는, 분산투자의 중요성을 강조하는 격언이다. 문제는 계란을 한 바구니에 담지 않으려고 지나치게 노력한 나머지 수십 개의 바구니를 마련했다는 것이다. 처음 주식을 하다 보니 매일 등락을 반복하는 숫자에 매우 스트레스를 받았다. 특히 한 종목에 큰 금액을 담았는데 가격이 폭락하기라도 하면 철렁 내려앉는 마음에 하루 종일 다른 일에 집중할 수가 없었다. 그래서 리스크 헷지를 위해 100만 원씩 수십 개의 종목을 매수했다.

그러다 보니 두 가지 문제가 발생했다. 첫째, 관리가 불가능했다. 주식이 떨어지거나 오르면 추가 매수를 하거나 **익절***을 해야 하는데 가지고 있는 종목이 너무 많아 모든 종목의 등락을 동시에 관리할 수가 없었다. 둘째, 수익이 너무 작았다. 수익이 30~40%를 기록해도 이미 투자한 금액이 50만 원에서 100만 원 사이 수준에 불과했기 때문에 좋은 종목을 발견한 것에 비해 이익이 터무니없이 작았다. 그렇다고 한 종목에만 몰아서 매수를 하기에는 예상할 수 없는 리스크가 존재하기 때문에 이후로 종목은 3~5개 사이로 관리하기로 했고, 새 종목을 매수하기 위해서는 기존에 있는 종목을 매도한 후 매수하는 방식을 선택했다.

4) 신용 및 미수 거래 절대 금지

마지막 기준은 대출로 주식 하지 않는 것이다. 주식을 하다 보면 신용과 **미수**의 유혹에 빠지기 쉽다. 미수 거래란 주식을 담보로 주식을 외상으로 구매하는 제도다. 즉, 대출의 일종이다. 이틀 뒤 주식 대금 결제일 전까지 외상 금액을 갚지 않으면 담보로 잡힌 주식은 강제로 매도되는 '반대 매매'에 취해질 수 있다. 미수 거래가 겉보기에는 매력적으로 느껴질 수 있다. 지금 당장 자금 여유가 없는데 특정 종목의 가격 급등이 예상될 때 3일 안에 수익 내고 빠짐으로써 야무지게 차익을 챙길 수 있으니 말이다.

---

* 수익을 실현하기 위해 자산을 매도하는 것.

그러나 주식 시장은 절대 예측대로 흘러가지 않는다. 줄기차게 상승하다가도 이유 없이 고꾸라질 수 있다. 예상과 달리 주식이 급락하면 신용 미수로 매수한 주식은 시스템상 강제로 매도가 되고 계좌는 동결된다. 게다가 신용 미수도 결국 대출이기 때문에 이자 비용도 부담해야 한다. 무엇보다 대출로 주식을 하게 되면 이성적으로 냉철하게 판단하기가 더 어렵다. 마음이 조급해지기 때문이다. 내 돈이 아니므로 언젠가는 상환해야 한다는 부담감에 악수를 둘 수도 있다. 따라서 대출을 활용한 주식 투자는 가급적 피하도록 하자.

"존버가 답이다"에 큰코다친 경험 🏛️ 주식 투자

"존버가 답이다!" 주식 식장이 하락 국면에 진입할 때마다 어김없이 등장하는 말이다. 주식 시장의 방향은 결국 우상향하기 때문에 언젠가는 지금의 손실을 만회하리라는 희망을 의미한다. 안타까운 것은 주식 시장은 장기적으로 우상향하기 마련이지만 그것이 개별 종목의 우상향까지 보장하지는 않는다는 점이다. 나 역시 존버가 답이라는 말만 믿고 버티다가 손실을 키운 경험도 적지 않다.

첫 번째 실수는 여행주에 투자한 것이다. 코로나가 터지고 2년 정도 지났을 무렵, 해외여행을 참아온 사람들의 보복소비 심리가 커지고 때맞춰 코로나가 둔화되면서 여행주가 각광받았다. 여행주는 리오프닝주*로 분류되었고 호텔, 항공 관련 종목이 들썩였다.

---

* 코로나 이후 경제활동이 재개됨에 따라 수혜를 볼 수 있는 업종의 주식.

코로나 이전 대비 큰 폭으로 가격이 떨어져 있었기 때문에 지금부터 사서 버티면 언젠가 오를 거라는 기대감에 과감하게 포트폴리오에 담았다. 하지만 리오프닝주는 예상치 못한 복병을 만났다. 코로나가 잠잠해지던 한국과 달리 중국에서는 여전히 확산세가 사그라들지 않고 있었다. 동시에 지정학적 리스크도 발생했다. 사드 관련 이슈가 다시 대두된 것이다. 자연스레 여행주는 급락했고 한 번 기세가 꺾인 주식은 원상회복('원복')하기까지 오랜 시간이 걸려서 다시 1년 반이 지난 지금에서야 약수익을 보이고 있다. 애초에 낮은 가격에 매수하기도 했고 그동안 고금리로 예금 금리가 5~6%까지 갔던 것을 감안하면 사실상 손해나 다름없다.

두 번째 실수는 수소주에 투자한 것이다. 2021년을 강타한 키워드 중 하나는 '그린뉴딜'이었다. 친환경 정책의 일환으로 원자력과 화석연료에서 벗어나 태양광, 풍력 등 친환경 에너지 활용도를 높여보자는 계획이 포함돼 있었다. 수소도 그중 하나였다. 수소 에너지 제조 기업, 수소차 연구 기업, 수소 장비 및 부품 회사 등 관련 회사 주식이 날아올랐다. 아직 덜 올랐다고 생각한 주식을 덜컥 매수했다. 그리고 결과는 참담했다. 그때는 수소가 각광을 받았지만 정권 교체와 함께 수소에 대한 관심은 줄어들었고 주가에 고스란히 반영됐다. 정책과 관련된 테마성 주식이었기 때문에 빠르게 빠져나오는 것이 현명했겠지만 미련하게 존버하면서 2년 반을 허비한 끝에 최근에야 손절하게 됐다.

버티면 오른다는 것은 일정 부분 맞는 말이다. 실제로 두 주식 모두 원복 수준까지는 올라왔다. 그러나 1~2년의 시간 동안 큰돈이 묶여 있었고 그만큼 다른 기회를 놓친 점을 생각하면 결코 성공했다고 볼 수 없다. 게다가 한 번 크게 물린 주식들은 10년이 지나도 원복을 못하거나 아예 상장폐지되는 극단적인 경우도 있으니 존버가 만능은 아닌 셈이다. 여러 위험과 기회비용을 고려할 때 단기에 반등이 예상되지 않는 종목은 빠르게 손절하는 것도 실력이다.

내가 연금계좌에 가입하지 않은 이유

이...이리 오라구...!!

아...아직 아니야...!

연금

매년 이맘때쯤이면 금융사 창구에서
엄청나게 추천하는 것이 있습니다

연금저축펀드
고수익 챙기세요!
증권사

연금저축이
최고입니다!
은행

나는 우째야 해...

연금저축보험
보고 가세요!
보험사

??

그것은 바로 연금계좌 관련 상품!

그치만 사회생활 6년 차가 되고 나서야
이제서야 연금 상품에 가입하기 시작했는데요!

오늘은 이것의 이유에 대해
같이 이야기해 보고자 합니다...!

우선 사회생활을 막 시작했을 때는

솔직히 말하자면
연금 낼 돈이 없었습니다

NO   MONEY

끽해봐야 신입사원 월급
여유돈이 있을리가 없잖아요...?

쓸 돈도 없는데 세제혜택 받겠다고
연금 가입하는게 맞아..??

생활비   대출금   통신비

교통비   적금   비상금

그러다 시간이 지나 연봉이 오르고
신입사원 때보다 여유가 생겼을 때는

주거안정

노후대책

어떤 게 먼저야..?

??

우선순위에 대한 고민이 시작됐어요

오랜 고민 끝에 먼저 선택한 것은

주거안정 > 노후대책

너로 정했다..!!

주거안정이었는데요!

당장 마주할 리스크를
고려함과 동시에

월세 ➡ 고비용

전세 ➡ 사기위험

주거안정 또한 노후대책의
일부로 생각했기 때문입니다

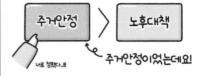

ㅡ 노후대책 ㅡ
주거안정

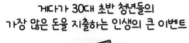

게다가 30대 초반 청년들의
가장 많은 돈을 지출하는 인생의 큰 이벤트

목돈이 와장창 나가겠지?

고민되는군—

결혼에 대한 부분을 생각하지 않을 수 없었는데

저는 결혼할 때 부모님 도움을 받지 않겠다는
명확한 가치관을 가지고 있었기 때문에

안 그래도 월급은 쥐꼬리인데
목돈 들어갈 일 생기면 어쩌?

고객님
결제하셔야 해요...!

연금

큰돈이 연금에 묶이는 것이 부담스러웠어요

그런데 막상 시드머니를 모으고 나도
내 집 마련을 하는 것이 쉽지 않다 보니

이제 자산이 어느 정도 모였으니

파이프라인

주식   부동산

미래의 텅장사태에 대비해볼까?!

텅 장

차근차근 노후대책이라도 준비해야겠다는
생각이 들어 뒤늦게 연금에 가입을 했습니다!

연금에
가입하기로 마음먹은 이유 연금 저축

직장생활을 시작하고 처음 연말정산 했을 때의 일이다. 신입사원에 중도입사자(1월부터 근무한 것이 아니라 당해 중반부터 근무한 사람을 일컫는 말)였던 나는 받은 월급이 턱없이 적었기 때문에 세금 고민이 크게 없었다. 그때는 연말정산이 무엇인지도 정확히 몰라서, 돌려받은 돈이 꽁돈 같아 마냥 반가웠다. 그런데 근처에 있던 선배는 "연금을 700만 원이나 냈는데 이것밖에 못 받는다고?!"라며 화를 냈다. 대체 연금이 뭔데 연금을 내면 돈을 돌려받지?

연금은 젊은 시절에 미리 연금 상품에 가입해 매월 일정 금액 금융기관에 납입하고 은퇴하는 시점 혹은 정해진 시점부터 연금액을 수령하는 금융상품이다. 즉 돈을 많이 버는 시기에 미리 자산을 적립해두고 상대적으로 소득이 줄어드는 미래 시기에 연금을 수령해 생활하는 노후 대책이다. 지금은 착실히 노후 준비를 하고 있지만 사실 사회생활 6년 차까지 한 번도 연금 가입을 고려하지 않았다.

우선 연금에 가입할 만큼 소득에 여유가 없었다. 신입사원 때 월급 통장에 꽂히는 금액은 250만 원 정도였다. 각종 고정비와 한 달 생활비를 제하고 나면 저축할 수 있는 돈은 80만 원 남짓. 적금을 한 달도 거르지 않고 꼬박 1년을 모아야 1,000만 원을 만들 수 있었다. 당장 쓸 돈도 없는데 세금 환급받자고 연금에 가입하는 게 맞나 싶어서 연금에 관심을 갖지 않았다.

시간이 흘러 작은 목돈이 마련됐다. 연봉도 오르고 부수입도 생기면서 현금흐름에 여유가 생겼다. 슬슬 연금에 가입해야 하나 싶었지만 이번엔 '우선순위'에 대한 고민이 가로막았다. 주거 안정과 노후 대책 사이에서 고민했다. 집을 구매하기 위해서는 목돈이 필요하고 최소 1~2억의 자금이 있어야 각이 나온다. 이제 막 만들어지기 시작한 현금흐름을 다시 연금으로 묶어두는 것이 부담스럽게 다가왔다. 고민 끝에 노후 대책은 잠시 미뤄두고 내 집 마련에 집중하기로 했다. 빠르게 집을 산 후 연금에 가입해도 늦지 않겠다는 계산이었다. 주거 안정이 노후 대책의 일환이라는 점도 주요한 포인트 중 하나였다.

현재는 내 집 마련을 한 후에 연금에 가입하겠다고 했던 다짐이 무색하게 올 초부터 꼬박꼬박 연금을 내고 있다. 아직 내 집 마련에 성공한 것은 아니지만 돈을 어느 정도 모았기 때문이다. 현금이 1억을 넘어가고 부동산 가격도 조정받으면서 내 집 마련이 가시권에 들어왔다. 이 정도 상황이라면 연금에 가입해도 괜찮을 것 같다는 생각이 들었고, 노후 대책 파이프라인을 하나 더 추가하게 됐다. 이직에 성공하고 부수입도 늘어나면서 절세 필요성이 늘어난 것도 한몫했다. 그렇다면 어떤 연금에 어떻게 가입해야 세금 혜택까지 야무지게 챙길 수 있을까?'

3가지 연금 상품 중
어느 것을 고를까요 연금 저축

개인 연금 상품은 크게 세 가지로 나뉜다. 연금저축신탁, 연금저축보험, 연금저축펀드. 세 연금 상품의 가장 큰 차이는 상품을 개발 및 판매하는 주체가 다르다는 것이다. 연금저축신탁은 은행에서, 연금저축보험은 보험사에서, 연금저축펀드는 증권사에서 연금 상품을 판매한다. 물론 발행 기관 외에도 각 상품의 특징에도 차이가 존재한다.

먼저 '연금저축신탁'은 은행에서 판매하는 상품인 만큼 예금자 보호가 가능하고 세 상품 중 가장 안정적이라는 특징이 있다. 단, 안정적이라는 의미는 반대로 수익률이 낮다는 의미도 된다. 타 상품에 비해 수익률도 낮고 운용 수수료도 별도로 있어 수익성이 떨어진다는 단점이 있다.

둘째는 '연금저축보험'이다. 연금저축보험은 보험회사에서 운영하는 연금 상품으로, 수익성은 연금저축신탁에 비해 높다. **변액보험**[*]으로 원금 보장을 포기하고 높은 리스크와 높은 수익의 운용 방식을 선택할 수도 있다. 높은 사업비는 단점이다. 보험사가 연금 금융 상품을 운영해주는 대신 일정 금액을 수수료의 형태로 떼가는데 이 비중이 타 연금 상품에 비해 높은 편이다. 높은 사업비로 인해 중도 해지 시 수익이 났음에도 불구하고 원금보다 낮은 금액을 돌려받는 경우도 있다.

마지막으로 '연금저축펀드'는 펀드로 구성된 연금에 투자한 후 수익을 추후 연금으로 배당받는 구조다. 펀드에 투자하는 만큼 수익률이 높고 개인이 직접 펀드를 선택해 투자하기 때문에 운용 수수료도 낮다. 그러나 펀드이기 때문에 예금자 보호가 불가능하고 원금 손실 가능성도 높다는 단점이 있다.

연금에 가입할 때 세금 혜택을 받는 원리는 무엇일까. 기본적으로 국가는 개인이 연금에 가입하기를 원한다는 사실을 이해해야 한다. 노후 대비가 안 된 국민이 많아질수록 국가의 부담이 증가한다. 국민의 노후가 국가 재정으로 감당할 수 없을 만큼 취약해지면 사회적 문제로 대두될 수 있다. 국가에서는 세금공제를 유

---

* 정해진 수익률을 따라가는 것이 아니라 계약자가 납입한 보험의 일부를 주식 및 채권 등에 투자하여 수익을 낸다.

인으로 개인의 연금 가입을 장려한다. 이것이 연말정산 시 연금 가입자에게 세금 혜택을 제공하는 이유다. 연봉이 높아질수록 세금 부담도 급증하기 때문에 연금 저축을 통해 절세 방안을 연구할 것을 추천한다.

처음 연금을 가입할 때 얼마씩 납입할지 고민됐다. 연금을 들었더니 세금을 돌려주니까 최대한 많이 내는 게 좋을 것 같지만 연금 납입 능력을 고려해야 한다. 연금은 한번 가입하면 해지하기 어렵다. 해지할 수는 있지만 납입한 원금을 전부 돌려받지는 못하는 경우가 많다. 게다가 세제혜택을 받았다면 그동안 환급받은 세금을 전부 뱉어내야 한다. 자유 납입, 중지가 불가능한 상품도 있다. 자금이 급하게 필요해도 임의로 해지하거나 중단할 수 없기 때문에 신중해야 한다. 결혼, 내 집 마련, 갑작스러운 사고나 질병 등 목돈이 급하게 필요한 순간은 생각보다 많다. 늘 현금을 보유하고 있어야 하는 이유다. 당장 돌려받을 세금 혜택만 생각해서 지나치게 많은 비중을 둔다면 위기에 대처하기 어려워진다. 나는 월 고정 소득의 5%를 넘기지 않는 선에서 연금을 운용하고 있다.

경제적 자유에 대한 솔직한 생각

2020년부터 최근까지 사회를 뜨겁게 달군 키워드가 있다. 바로 '경제적 자유'이다. 경제적 자유란 경제생활에서 개인이 스스로의 의지로 행동할 수 있는 자유라는 사전적 의미를 지니고 있다(출처 : 매일경제, 네이버 지식백과). 한마디로 돈을 많이 벌어 빠르게 은퇴하고 일을 하지 않아도 하고 싶은 것을 할 수 있는 상태가 되겠다는 의미이다. 비슷한 의미로는 '파이어족'이 있다. 이는 투자 혹은 사업 수익을 통해 조기 은퇴를 할 수 있는 자금을 마련한 사람들을 의미한다. 2008년 금융위기 이후 경제는 지속적으로 어려워졌다. 예상치 못한 강대국간 무역전쟁, 저금리 기조 사이 떨어지는 원화 가치, 치솟는 부동산 가격 사이에서, 서민들에게 경제적 자유란 도달할 수 없는 유토피아이자 판타지 세계에 해당했다.

그런데 2020년 재테크 시장에 변화의 바람이 불며 상황은 달라졌다. 예상치 못한 코로나라는 악재가 오히려 호재로 작용하면서 자산 시장에 엄청난 상승을 불러온 것이다. 이와 더불어 주식과 부동산 시장은 절정을 맞이했다. 더불어 SNS를 활용한 사업도 크게 성장했다. 코로나로 인해 사람들이 밖으로 나가기보다 핸드폰으로 세상의 소식을 접하는 시간이 더 많아졌고, 자연스레 SNS의 사용 빈도 또한 최대로 올라갔다. SNS 수익화가 핫한 아이템으로 떠오르면서 직장 없이도 먹고살 수 있는 시대의 문이 열렸다. 이로 인한 결과로 사람들이 그토록 염원하던 경제적 자유가 가시권에 들어오기 시작한 것이다.

우리가 살고 있는 세상은 마케팅으로 점철되어 있다. 그리고 이러한 현상을 사람들은 놓칠 이유가 없었다. 경제적 자유에 대한 염원을 자극하는 카피가 쏟아지기 시작했다. "여기에 투자하고 경제적 자유를 누리세요." "이것만 하면 노후에 편하게 먹고살 수 있어요!" 또래 청년들은 너도나도 1억 모으기를 외쳤고, 많은 사람들이 조금만 노력하면 경제적 자유를 이룰 수 있을 것이라고 기대했다. 어느 순간 경제적 자유를 추구하시 않으면 이 긱박한 자본주의 시대에 뒤처진 사람이 되는 듯한 분위기가 형성되었다.

내 상황은 어땠을까? 2021년 11월, 내 통장에 남아 있던 잔고는 3,400만 원이다. 직장생활을 5년이나 하고도 이 정도밖에 모으지 못한 것은 문제가 있다는 생각에 마음이 조급해졌다. 당장 뭐라도 하지 않으면 먼 미래에 가난하게 늙어 죽을 것 같았고 이런 마음으로 재테크 세계에 뛰어들었다.

처음엔 평범하게 시작했다. 가지고 있는 자산을 파악하고, 저축 목표를 정하고, 그에 맞춰 절약하며 생활하는 삶. 절약하고 관리하다 보니 돈이 모이기 시작했고, 재테크는 이렇게 하는 거구나! 하는 생각에 뿌듯함을 느끼기도 했다. 그렇게 100만 원, 200만 원씩, 모을 수 있는 금액을 차곡차곡 모아가고 있었는데 이번엔 이런 썸네일이 나를 자극하기 시작했다.

"20대에 월 1,000만 원 달성하고 내 집 마련 성공했어요!"

그때 당시 내 현금 흐름으로 1,000만 원을 모으기 위해서는 6개월을 꼬박 절약하고 저축해야만 했다. 이제 1,000만 원을 모았다고 뿌듯해하는 나를 비웃듯 월 소득을 자랑하는 사람들이 등장한 것이다. 게다가 너무나도 쉽게 '이렇게만' 하면 1,000만 원을 벌 수 있다고 말했다. 돈을 모으고는 있지만, 여전히 뒤처지는 기분이었고 어떻게든 부수입을 만들겠다는 목표로 인스타툰을 시작했다.

감사하게도 인스타툰, 돈 모으는 벤꾸리는 많은 사람들의 관심을 받으며 빠르게 성장하는 데 성공했다. 시작한 지 6개월 만에 수익화에 성공했고, 어느 순간 월급을 뛰어넘으며 주요한 수입원으로 자리 잡았다. 그런데 이 뿌듯함이 채 가시기도 전에 다른 문구가 나를 자극했다.

"이것으로 100억 벌고 은퇴합니다."

세상에 100억! 100억이라니! 100억이라는 숫자는 감히 잡을 수 없는 무언가, '그사세'라고 생각했는데 이를 달성했다는 일반인(출신의 인플루언서)이 나오기 시작했다. 또다시 몰려오는 조급함을 일에 집중함으로써 해결했다. 지금 1,000만 원에 만족할 때가 아니라는 생각과 함께, 100억을 향해 미친 듯이 달려보기로 했다.

24시간 중 18시간 이상 일하며 몸값을 올리는 데 매진했다. 친구를 만나는 것도, 가족과 시간을 보내는 것도, 취미생활을 즐기는 것도. 많은 것을 뒤로한 채 오로지 '돈'에만 매달렸다. 휴식은 사치였다. 가끔가다 피곤을 이기지 못하고 늦잠을 잘 때면 스스로를 의지박약이라고 칭하며 더 부지런해야 한다고 채찍질했다. 이 과정에서 삶의 많은 부분이 망가지고 있었음에도, 부자가 되려면 이 정도는 감수해야 하는 것이라며 스스로를 다독였다.

돈 벌기에 정신이 팔려 있던 어느 날 엄마가 심각하게 이야기를 꺼냈다.

"딸이 열심히 살아보겠다고 하니까 뭐라고 말은 못 하는데 엄마는 딸이랑 시간을 보내고 싶어."

머리를 한 대 얻어맞은 기분이었다. 생각해보면 근 한 달 동안 엄마 집에 살면서 엄마랑 같이 저녁을 먹은 게 언제인지 기억이 잘 나지 않았다. '내가 지금 무슨 짓을 하고 있는 것인가?' 하는 생각에 휩싸였다. 분명 시작은 건강했다. 미래를 위해 일단 돈을 쓰기보다 모아야 할 필요가 있었고, 이에 맞게 재테크를 시작했다. 문제는 자극적인 콘텐츠에 휘둘려 눈앞의 숫자만 쫓다 보니 본질은 온데간데없이 '돈을 모으는 행위'만 남아 있었다. 그동안 돈이 나에게 주었던 것은 '자유'가 아니라 더 벌어야 한다는 '감옥'이라는 것을 깨달았다.

스스로에게 질문했다. 이렇게 살다 40대에 조기은퇴 하면 행복할 것 같아? 단 1초 만에 '아니!'라는 대답이 튀어나왔다. 온통 회색으로 가득 찬 30대의 시간과 적당히 풍족한 자산만 덩그러니 남아 있을 것 같았다. 누군가는 돈을 벌고 모으는 데 모든 삶을 바치는 것이 잘 맞을 수도 있다. 그들의 삶을 당연히 존중한다. 다만, 나에게 그 삶의 형태가 조금은 맞지 않는다는 생각이 들었다. 아무리 돈을 많이 벌더라도, 옆에 있는 남자친구와 가족들이 외로워하면 나도 슬펐고, 유일한 취미인 여행과 노래를 할 수 없을 만큼 바쁠 땐 극복할 수 없는 우울감이 찾아왔다. 부자가 되는 것만큼 나의 삶을 건강하게 채우는 것 또한 중요하다는 것을 깨달았다. 이런 스스로의 모습을 점검한 후 재테크의 많은 방향을 수정하기로 했다.

가장 큰 변화는 부의 기준을 '나'에게로 두었다는 것이다. 올바른 재정적 목표와 삶의 방향을 수립해야 한다는 결론을 내린 후 가장 먼저 유튜브를 지웠다. 매일같이 쏟아지는 돈 관련된 콘텐츠, 그리고 성공신화는 모든 삶의 가치를 돈으로 환산하게 만들었고 그때마다 '스스로의 가치에 집중하겠다'라는 나의 목표가 무색해졌다. 누군가가 100억을 모았다는 사실, 그리고 타인의 목표가 몇 억이라는 사실은 중요한 것이 아니었다. 가장 중요한 것은 '내가 얼마면 행복해질 수 있는가'였다.

내가 행복한 삶이 무엇일지 알기 위해 30년 뒤 되고 싶은 내 모습을 적어보았다. 크게 세 가지가 있었다.

1. 1년에 한두 번 해외여행 다니기
2. 서울 주요 지역에 아파트 한 채 (강남X, 주거비용 걱정X)
3. 중산층 이상의 소비수준 (근로소득 없이, 자동소득 구축)

이 세 가지를 달성하기 위해서는 끊임없이 나를 자극하는 100억, 1,000억까지는 필요가 없었다. 한마디로 타인의 목표를 나의 목표로 삼을 필요가 전혀 없었던 것이다. 이 명확한 사실을 깨닫고 나니 그동안 집착했던 경제적 자유의 압박에서 자유로워질 수 있었고, 나의 행복한 미래를 꿈꾸며 돈을 모으다 보니 돈을 모으는 과정이 전보다 더 즐겁게 변했다.

모든 재테크의 목적과 종착점이 '부자가 되는 것'일 필요는 없다. 행복한 미래를 대비하는 것 또한 중요한 재테크의 목적 중 하나이다. 어떠한 모습이어야 하는가에 대한 정답은 없다. 그 어떤 모습이든지 당신만의 행복을 찾기 바란다.

에필로그

_재테크는 결국 '사는(Live)' 이야기이다

지난 1년 6개월간 치열하게 돈을 모으며 깨달은 한 가지가 있다. 재테크는 결국 '사는(Live)' 이야기라는 것이다. 돈은 우리에게 필수불가결한 요소이다. 돈이 없으면 인간의 기본적 욕구인 의식주를 해결할 수 없을 뿐만 아니라 여행을 갈 수도, 하고 싶은 것을 할 수도 없다. 그렇다고 돈이 우리 인생에 전부인 것이냐. 사실 그렇지는 않다. 돈보다 더 중요한 가치들이 이 세상에는 많기 때문이다.

"그래서 작가님의 인생 최종 목표는 무엇인가요?"
인터뷰를 할 때나 업무 미팅을 할 때면 종종 듣는 질문이다. 내 인생의 최종 목표. 아이러니하게도 돈과 관련된 이야기를 2년째 꾸준히 하고 있지만 내 목표는 돈, 재테크, 숫자에 있지 않다.

나의 20대는 절망 그 자체였다. 학비가 없어 장학금을 받기 위해 상위 학교를 포기하고 하향 지원을 해야 했고, 생활비를 벌기 위해 아르바이트를 매 학기마다 두세 개씩 뛰면서 학교생활을 했다. 그 와중에 장학금 수령을 유지하기 위해서는 4점 이상의 학점을 유지해야 했기에 밤을 새가며 죽기 살기로 공부했던 기억이 있다. 그러나 이 시기에 나를 가장 힘들게 했던 것은 성적에 대한 압박, 좋은 학교를 가지 못한 아쉬움, 바쁘게 일해야 하는 일상에 있지 않았다. 나를 힘들게 한 것은 바로 아무도 나를, 우리 가족을 도와주지 않는다는 사실이었다.

한 번은 먹고 살기가 너무 힘들어 엄마와 함께 한부모가정을 신청하러 동사무소에 방문을 했다. 그런데 신청이 불가능하다고 했다. 이유를 물어보니 소득이나 여러 조건은 전부 충족하는데 우리 집에 차가 한 대 있어서 거절 결과가 나왔다고 했다. 우리 집에 있던 그 차는 무려 10년이나 된 낡은 소형차 베르나였다. 나오면서 생각했다. '이 세상은 생각보다 나의 형편을 불쌍하게 보지 않는구나. 결국 내가 능력을 키워 빠르게 이 현실을 극복하는 것이 정답일거야…' 이런 생각을 나누며 나는 나대로, 엄마는 엄마대로 다시 한 번 힘을 내보기로 했다.

그러나 현실은 녹록지 않았다. 학생의 신분으로 공부를 하면서 할 수 있는 일은 생각보다 마땅하지 않았고, 나이가 들고 경력이 단절된 40대 후반 여성이 사회에서 다시 자리를 잡는 것은 하늘에 있는 별을 따는 것보다 어려웠다. 이 시간을 보내면서 다짐했다. 언젠가 먼 미래에 돈을 많이 벌게 된다면 형편이 어려운 사람들의 자립을 도와주는 인프라를 제공하고 싶다고 말이다.

먼 미래에 돈을 정말 많이 벌게 된다면 건물을 하나 사고 싶다. 건물을 셰어하우스로 만든 다음 1층은 카페로 운영하고 2~3층은 교육센터로 운영해 어려운 이들이 자립할 수 있도록 도와주는 것이다. 건물을 사는 것도 자원봉사에 가까운 일을 하는 것도 나에게는 그저 허황된 꿈이라고 생각했다. 그러나 절약을 하고, 재테크를 하고, 그 과정을 기록하는 인스타툰 작가가 되면서 언젠가는 내 꿈을 마음껏 펼칠 수 있는 날이 오지 않을까? 하는 기대감을 가지게 되었다.

다른 사람들이 보기에 나의 모습은 그저 돈을 좋아하는 사람에 불과할 수 있다. 그러나 절약과 재테크는 나에게 단순히 돈이 아닌 꿈을 이루게 해줄 수단이자 그 이상의 가치를 바라보게 해주었다. 지금은 그 꿈을 기대하며 이 순간 할 수 있는 일에 최선을 다할 뿐이다. 나는 앞으로도 계속 돈 모으는 벤꾸리로서 열심히 돈을 모으며 살아갈 것이다. 나와 함께 돈을 모으는, 또는 돈을 모아갈 여러분의 꿈을 향한 여정에 이 책이 하나의 계단이 되어준다면 더 바랄 나위가 없다.

연봉 말고 5000만 원 더 벌기

초판 1쇄 발행 | 2023년 10월 11일

지은이 · 강희연(돈 모으는 벤꾸리)
발행인 · 이종원
발행처 · (주)도서출판 길벗
브랜드 · 더퀘스트
출판사 등록일 · 1990년 12월 24일
주소 · 서울시 마포구 월드컵로 10길 56(서교동)
대표전화 · 02) 332-0931 | **팩스** · 02) 332-0586
출판사 등록일 · 1990년 12월 24일
홈페이지 · www.gilbut.co.kr | **이메일** · gilbut@gilbut.co.kr

기획 및 책임편집 · 송혜선(sand43@gilbut.co.kr) | **제작** · 이준호, 손일순, 이진혁, 김우식
마케팅 · 한준희, 김선영, 이지현, 류효정 | **영업관리** · 김명자, 심선숙 | **독자지원** · 윤정아, 전희수

디자인 · MALLYBOOK 최윤선, 오미인, 조여름
CTP 출력 및 인쇄, 제본 · 금강인쇄

ⓒ 강희연
ISBN 979-11-407-0661-7 (03190)
(길벗 도서번호 040244)

정가 : 18,800원

독자의 1초를 아껴주는 정성 길벗출판사

길벗 | IT실용서, IT/일반 수험서, IT전문서, 경제실용서, 취미실용서, 건강실용서, 자녀교육서
더퀘스트 | 인문교양서, 비즈니스서
길벗이지톡 | 어학단행본, 어학수험서
길벗스쿨 | 국어학습서, 수학학습서, 유아학습서, 어학학습서, 어린이교양서, 교과서